高等职业教育通识课程精品教材

礼仪与审美

主　编：黄缨焱

副主编：刘　萍　颜秀芬　农　柳
　　　　许　丽　陆晓敏　黄　婷
　　　　梁晓曼

参　编：赵　丽　潘丹丹

北京理工大学出版社
BEIJING INSTITUTE OF TECHNOLOGY PRESS

版权专有　侵权必究

### 图书在版编目（CIP）数据

礼仪与审美／黄缨焱主编. —北京：北京理工大学出版社，2020.7（2021.8 重印）
ISBN 978-7-5682-8728-9

Ⅰ. ①礼…　Ⅱ. ①黄…　Ⅲ. ①礼仪②审美　Ⅳ. ①K891.26②B83-0

中国版本图书馆 CIP 数据核字（2020）第 128305 号

出版发行 ／ 北京理工大学出版社有限责任公司
社　　址 ／ 北京市海淀区中关村南大街 5 号
邮　　编 ／ 100081
电　　话 ／（010）68914775（总编室）
　　　　　　（010）82562903（教材售后服务热线）
　　　　　　（010）68944723（其他图书服务热线）
网　　址 ／ http://www.bitpress.com.cn
经　　销 ／ 全国各地新华书店
印　　刷 ／ 河北盛世彩捷印刷有限公司
开　　本 ／ 787 毫米×1092 毫米　1/16
印　　张 ／ 9.5　　　　　　　　　　　　　　　　责任编辑 ／ 徐艳君
字　　数 ／ 169 千字　　　　　　　　　　　　　　文案编辑 ／ 徐艳君
版　　次 ／ 2020 年 7 月第 1 版　2021 年 8 月第 4 次印刷　责任校对 ／ 周瑞红
定　　价 ／ 39.80 元　　　　　　　　　　　　　　责任印制 ／ 施胜娟

图书出现印装质量问题，请拨打售后服务热线，本社负责调换

# 前言

随着现代社会人与人之间交往的增多,个人审美、个人礼仪修养显得尤为重要。如何得体地与人交往,并通过个人交往为商务活动创造发展的契机,已成为大家尤其是商务人员越来越关心的话题。在商务活动中,优雅得体的着装、合乎礼仪的举止在很大程度上影响着活动的成败,这对商务人员的礼仪素质、审美层次提出了较高的要求。本书立足现代商务人员工作实践,围绕现代商务人员日常认识美、接触美、学会美、提升美以及学礼、懂礼、用礼、行礼的需要,纵向上介绍了现代商务人员在不同场景下的仪容仪态礼仪等内容,如交谈礼仪、会面礼仪、接待和拜访礼仪、通信礼仪、求职礼仪、自媒体礼仪,横向上遵循应行和应忌两条主线组织教学内容,具有较强的实用性、应用性和实践性。同时,介绍了商务人员在社会交往活动中应掌握的审美与礼仪规范,以帮助读者全面了解商务礼仪的各个环节及对应的审美要求,提升个人形象与企业形象。

本书是一本结合高职院校对培养商业人才的教学需求,为开设"礼仪与审美"课程而组织编写的教材,构思新颖,内容精练,紧扣时代脉搏,尤其响应教育部近两年提倡的全面铺开提升高等人才的"美育"教学目标,是一本颇有新意的教材。本书吸收了现代商务礼仪与审美方面最新的理论和实践成果,参考了大量资料,结合了编写者近年来教学研究的成果,因此本书是一本实用性较强的礼仪教材。本书从不同角度、不同层面对礼仪与审美的不同内容进行了综合阐述和训练,系统介绍了礼仪与审美的九大模块,在编写过程中注意体现以下特色:

(1)注重理论联系实际,注重技能训练和任务教学,注重培养实务操作能力;

(2)以学生为中心,注重章节化教学;

(3)对知识内容的编写系统,清晰,形象直观;

（4）每个项目均配有大量的实例图片，方便学生在完成知识点后能更好地直观复习。

本书不但可作为高等学校、职业学院、技校及中职学校各专业学生通识课的礼仪教材，还可作为公共关系人员、市场营销人员等商务人员了解礼仪与审美原则、掌握礼仪规范、提高文化素养的培训用书和自学参考读物。

本书由广西经贸职业技术学院黄缨焱老师担任主编，广西经贸职业技术学院部分老师参与编写。具体分工是：黄缨焱编写模块三、八、九；刘萍、颜秀芬、农柳编写模块四、五；陆晓敏、许丽、黄婷编写模块六、七；梁晓曼、赵丽、潘丹丹编写模块一、二。全书由黄缨焱修改定稿。

本书在修订过程中，参阅国内外同行的许多著作和文献，引用了部分资料，特向这些作者表示诚挚的感谢。

由于本书编写时间较紧，加之作者水平有限，书中难免有不足之处，衷心地希望专家批评指正！

编　者

# 目录

## 模块一 礼仪概述 / 1
项目一 礼仪的扬弃 / 2
项目二 了解礼仪的含义 / 4
项目三 明确礼仪的构成 / 5
项目四 掌握商务礼仪的特征 / 6
项目五 了解礼仪的原则 / 8
项目六 了解礼仪的功能 / 10

## 模块二 校园礼仪与审美 / 13
项目一 遵守社会公德，注意校园仪表 / 14
项目二 建立和谐的师生关系 / 18

## 模块三 仪容仪表仪态礼仪与审美 / 25
项目一 整理仪容礼仪与审美 / 26
项目二 掌握仪表礼仪与审美 / 32
项目三 掌握仪态礼仪与审美 / 50

## 模块四 交谈礼仪 / 67
项目一 掌握交谈的语言艺术 / 68
项目二 把握交谈的主题艺术 / 70
项目三 熟悉交谈的方式艺术 / 71

## 模块五　会面礼仪 / 75
　　项目一　掌握称呼礼 / 76
　　项目二　掌握介绍礼 / 79
　　项目三　掌握名片设计和名片礼 / 84
　　项目四　掌握握手礼 / 87

## 模块六　接待和拜访礼仪 / 95
　　项目一　掌握接待礼仪与审美 / 96
　　项目二　掌握拜访礼仪与审美 / 103
　　项目三　掌握座次礼仪与审美 / 105

## 模块七　通信礼仪 / 109
　　项目一　掌握电话礼仪 / 110
　　项目二　掌握网络通信礼仪 / 112

## 模块八　求职礼仪 / 115
　　项目一　掌握面试服饰礼仪与审美 / 116
　　项目二　掌握求职应聘中的礼仪 / 119
　　项目三　掌握求职应聘后的礼仪 / 130

## 模块九　自媒体的礼仪与审美 / 133
　　项目一　线上自媒体人的礼仪与审美 / 134
　　项目二　部分国家的商务礼俗习惯与审美习惯 / 143

## 参考文献 / 146

# 模块一
# 礼仪概述

- ❖ 项目一　礼仪的扬弃
- ❖ 项目二　了解礼仪的含义
- ❖ 项目三　明确礼仪的构成
- ❖ 项目四　掌握商务礼仪的特征
- ❖ 项目五　了解礼仪的原则
- ❖ 项目六　了解礼仪的功能

> 君子以仁存心，以礼存心，仁者爱人，有礼者敬人。爱人者人恒爱之，敬人者人恒敬之。
>
> ——孟子《孟子·离娄下》
>
> 文明区别于野蛮的重要标志——"质胜文则野，文胜质则史。文质彬彬，然后君子。"
>
> ——孔子

图1-1

儒家把周以前称为"质"的时代。在"质"的时代，人们只考虑自我的感受，如夏天热就打赤膊，吃饭尽管随手抓取进食，狼吞虎咽口水直流，与人对坐两腿叉开等。这些举止，自然又不加修饰，质朴率真但层次较低。

从西周开始，进入了"文"的时代，人们衣冠整洁，吃东西不发出声响，坐姿端正，一切都开始讲究起来，后来形成了制度：要求人们的行事要顾及他人的感受，考虑对方为先，尊重他人，多为他人着想，如图1-1所示。如果质朴胜过文雅，就会显得粗野；如果文雅胜过质朴，就会显得虚浮不实。只有内外兼修，处理好内心世界与外在表现的关系，文雅和质朴结合适当，才是君子应有的风范。

低层次的质朴与率真不是文明时代礼仪的表现，文明时代的礼仪必须通过人们良好的行为举止表现出来，进而展现了一个国家的文化。

##  项目一　礼仪的扬弃

崇尚礼仪，是中华民族的优良传统，也是现代社会公民必备的基本素质和精神追求。

## 模块一 礼仪概述

我国自古就是一个闻名世界的礼仪之邦，早在3 000多年前的西周时期，我国的古代礼仪就基本成形。到了春秋时期，更是由孔子集其大成，并发扬光大。此后，由孔子所构造的礼仪体系一直影响着中国社会长达2 000多年。它具体体现在以下四个方面。

> 礼者何，即事之治也。
> 　　　　　　　　　　　　　　　　　　　　——孔子

中国古代的"礼"涉及国家政治、经济、文化、军事在内的典章制度等范畴。

> 凡人之所以为人者，礼义也。
> 　　　　　　　　　　　　　　　　　　　　——《礼记》

这是一种做人的道德规范，明确礼仪在道德生活中的作用。

> 非礼勿视，非礼勿听，非礼勿言，非礼勿动。
> 　　　　　　　　　　　　　　　　　　　　——孔子

以礼仪约束做人的行为规范，调节人际交往，如图1-2所示。

> 礼仪者，尊卑之仪表也。方物之程式也。故动有仪则令行。
> 　　　　　　　　　　　　　　　　　　　　——管仲

礼仪是各种正式的仪式，如图1-3所示。

图1-2

图1-3

综上所述，我国古代礼仪的主旨是明确地规定并严格地维护封建行为等级制度，强调并坚持人的等级差异。由此可见，我国古代礼仪具有明显的两重性：一方面提出礼仪的基本原则，制定人际交往的行为规范，并且强调"礼之用，和为贵"，这些是现代礼仪可以借鉴的；另一方面并不尊重人，而重在维护封建统治制度，这些糟粕自然为现代礼仪所否定。

总体来看，现代礼仪强调以人为本，人格平等，社会公平，以尊重人作为自己的立足点与出发点，追求人际交往的和谐与顺畅，适用于任何交际活动的参与者，是对我国古代传统礼仪的继承和发扬。随着时代的发展，社会的进步，人与人之间的交际范围越来越广大，在人际交往中学礼、懂礼、守礼、用礼，将礼作为一种人生态度，继承发扬"礼仪之邦"的优良传统，亦是一种高素质的表现。

##  项目二　了解礼仪的含义

什么是尊重？

Je ne suis pas d'accord avec ce que vous dites, mais je me battrai jusqu'à la mort pour que vous ayez le droit de le dire.

我不赞成你的观点，但我捍卫你说话的权利。

——伏尔泰

礼仪在层次上高于礼貌与礼节，内涵更深广，礼仪是尊重。

尊重是理解并接受不同个体或群体存在的合理性，保持中立客观的态度去包容其不同特征的存在。尊重能使人们得到满足，使自己充满信心，对社会满腔热情，实现自我价值。

为了更好地表达尊重，礼仪规范并构成了一系列具体的、表现礼貌的形式。下面来具体明确一下这三者之间的区别与联系。

**礼仪**——是礼节、仪式的统称，是在人际交往中，自始至终以一定的、约定俗成的

模块一
礼仪概述

程序与方式来表现的律己敬人的完整行为。

**礼节**——是人们在交际场合相互表示尊重、友好的惯用形式。

**礼貌**——是人们在人际交往中通过言语、动作向交往对象表示谦虚和恭敬，符合一定礼仪的表现。它侧重于表现人的品质与素养。

## 项目三　明确礼仪的构成

礼仪活动构成的四项基本要素。

## 一、礼仪主体

它是礼仪活动的操作者与实施者，既可以是个人也可以是组织。当礼仪活动的规模较小时，主体通常是个人；而当礼仪活动规模较大时，其主体通常是组织。没有主体，礼仪也就无从谈起了。如图1-4所示。

图1-4

## 二、礼仪客体

它是礼仪的指向者和承受者,可能是人亦可能是物,可以是具象的也可以是抽象的,可以是有形的也可以是无形的。它是礼仪的对象,它与礼仪的主体之间既对立又相互依存,而且可以在一定条件下相互转化。

## 三、礼仪媒体

礼仪媒体是礼仪内容与礼仪形式的统一。任何礼仪都必须使用礼仪媒体,没有礼仪媒体的礼仪不可能存在。它具体指的是人体礼仪媒体、物体礼仪媒体、事体礼仪媒体。

## 四、礼仪环境

礼仪环境指的是礼仪活动得以进行的特定时空条件,通常分为自然环境和社会环境。环境制约着礼仪的实施。

# 项目四 掌握商务礼仪的特征

与其他学科相比,礼仪具有一些自身独具的特征,在不同的角度、不同的环境下其适用对象、适用范围不同,大致上分为政务礼仪、商务礼仪、服务礼仪、社交礼仪、国际礼仪等几个分支。

商务礼仪是企业商务活动中不可缺少的规范员工言行的重要形式,亦是企业相关业务顺利开展的重要条件,它主要表现在以下四个方面。

## 一、规范性

商务礼仪是企业商务人员在进行相关商务活动中待人接物时必须遵守的行为规范,也就是标准。法国人拉罗什福说:"在所有规范中,礼仪是最微小但又最稳定的一种规

范。"这种规范,是一种"通用语言",是判断自己与衡量他人是否自律、敬人的一种尺度。商务礼仪的规则性决定了对待不同职务、不同行业、不同级别的商务伙伴有不同的交往方式。

## 二、传承性

任何国家的礼仪都具有自己鲜明的民族特色,作为一种人类文明的积累,礼仪将人们在交际应酬中习惯的做法固定下来,流传下去并逐渐形成了自己的民族特色,这不是一种短暂的现象,亦不会因为社会制度的更替而消失。随着社会经济的发展,人们对待礼仪正确的态度应该是对传统礼仪的扬弃,有继承更有发展。

## 三、可操作性

商务礼仪应切实有效,实用可行,易学易会,便于操作。礼仪在总体上的原则、规范,应在具体的细节上以一系列的方式、方法,细致而周详地加以贯彻,把它们落到实处,不尚空谈。礼仪的易记、易行,能够为其广觅知音,使其被人们广泛地运用于交际实践,并受到人们的认可。

## 四、时效性

商务礼仪的各种规范会随着社会、经济、文化的发展以及时代的变迁不断发展。一方面,社会、经济、文化的发展使商务礼仪持续发展和提升;另一方面,如今是全球信息化社会,各国的政治、经济、思想、文化、宗教等元素互相交流,商务礼仪亦会被赋予新的内涵和形式。

任务一:以小组为单位思考并讨论中国古代礼仪中有哪些内容是应该继续和发扬的。利用课外时间多了解一下这方面的知识。

## 项目五　了解礼仪的原则

如果想要表达对他人的尊重,应该以什么为标准?

在日常生活中,人们学习、应用礼仪,在宏观上掌握了一些具有普遍性、共同性、指导性的礼仪规律,也可以叫作礼仪的原则。

### 一、遵守

在交际活动中,每一位参与者都必须自觉、自愿地遵守礼仪,以礼仪去规范自己在交际活动中的言谈举止。只有自觉遵守礼仪规范,才能赢得他人的尊重,确保交际活动达到预期的目标。

### 二、自律

这是礼仪的基本点和出发点,学习礼仪最重要的就是自我要求、自我约束、自我对照、自我反省、自我检查。若是没有自律,人前人后不一样,只求诸人,不求诸己,遵守礼仪就无从谈起,变成蒙骗他人的笑话。

### 三、敬人

人们在社会交往中,要常存敬人之心,处处不可失敬于人,不可伤害他人的个人尊严,更不能侮辱对方的人格。掌握了这一点就等于掌握了礼仪的灵魂。尊敬他人的同时也要尊敬自己,维护个人乃至组织的形象。

### 四、宽容

在交际活动中,运用礼仪时有容乃大。严于律己,更要宽以待人。在与人交往中要理解他人,宽容他人,切忌斤斤计较,过分苛求。具体体现为一种胸襟,一种包容意识和自控能力。

## 五、平等

平等是商务礼仪的核心，对任何交往对象都必须尊重，以礼相待，不允许因为交往对象彼此之间在年龄、性别、种族、性格、文化、职业、身份、地位、财富以及与自己的关系亲疏远近等方面有所不同。

## 六、从俗

从俗指的是交往各方都应该尊重相互之间的风俗、习惯，了解并尊重各自的禁忌。由于国情、民族、文化背景不同，人们在交往时要坚持入乡随俗，与绝大多数人的习惯做法保持一致。如果不注意禁忌，就会在交际中引发障碍和麻烦。

## 七、真诚

运用礼仪时要言行一致，表里如一。人们在交际过程中要做到诚实守信，不虚伪、不做作。倘若把运用礼仪当作一种道具和伪装，则是有悖礼仪基本宗旨的。

## 八、适度

凡事都有度，在应用礼仪时要注意把握分寸，认真得体。人们在交往中不可态度冷漠亦不可过度热情。

## 九、沟通

人们应利用人际交往活动了解交往对象，同时也要被对方所了解。只有相互了解了，才能实现彼此尊重。

## 十、互动

人们在交际中应该主动进行换位思考，善于体谅交往对象的感受，时时处处努力做到"交往以对方为中心"。

礼仪与审美

## 项目六　了解礼仪的功能

礼仪之所以会受到社会各界的普遍重视，并被提倡学习，主要是因为其不仅有助于个人，也有助于社会。

礼仪可以帮助人们提高自身修养。礼仪是衡量一个人文明程度的准绳，它不仅反映了一个人的交际技巧与应变能力，还反映着一个人的气质风度、阅历见识、道德风尚。通过一个人对礼仪运用的程度，可以察知其教养水平、文明程度和道德水准。

礼仪可以帮助人们美化自身、美化生活。个人形象是指一个人的仪容、表情、举止、服饰、谈吐、教养的集合，礼仪在这些方面都有详尽的规范。当个人重视了美化自身，以礼待人，人际关系将会更和睦，生活也会变得更温馨。如图1-5所示。

图1-5

礼仪可以帮助促进人们的社会交往，完善人际关系。因为有了规范可以让人们去遵守，所以人们能更好地向交往对象表达自己的尊重、敬佩、友好与善意，增进了彼此之间的了解与信任，人们亦能在交际活动中充满自信，胸有成竹。

礼仪可以推进社会主义精神文明的建设。《左传》记载："礼，经国家，定社稷，

序民人,利后嗣者也。"教养反映素质,素质体现细节,细节决定成败。我国大力推进的社会主义精神文明建设,其中就有一项内容:讲文明、讲礼貌、讲卫生、讲秩序、讲道德;心灵美、语言美、行为美、环境美。这些内容与礼仪完全吻合,可以说,提倡礼仪的学习运用,正好与推进社会主义精神文明建设是相互配合、相互促进的。

礼仪是由一系列的规范、技巧与法则所构成的,学习礼仪需要注重全面性、系统性。最切实可行的方法是要抓住其重点。

学习礼仪,具体操作礼仪的方法,可以采用以下四种。

① 联系实际。务必坚持知和行的统一,学了就要尝试去实践,不断实践和学习。

② 重复渐进。凡事均有主次,可尝试从与自身生活最密切的部分开始进行。

③ 自我监督。对自己有了要求,处处注意自我检查,有助于发现自身的缺点,将学习、运用礼仪真正转变为个人的自觉行动和习惯。

④ 多头并进。多学习其他学科的知识,可以全面提高个人素质。此外,学习礼仪的途径与方法很多,不管通过什么方法学习礼仪,重点是要学以致用。

**任务二**:调查一下你在别人眼中的印象。请同学们收集来自一位长辈、一位同学、一位关系十分要好的朋友对你的评价。

## 模块二
## 校园礼仪与审美

❖ 项目一　遵守社会公德，注意校园仪表
❖ 项目二　建立和谐的师生关系

校园礼仪是传承中华民族文化、弘扬民族精神的重要形式，是校园文化建设中不可或缺的一个重要组成部分，是创建文明校园的有效载体。校园礼仪在提高师生的文明礼仪水平，树立学校的社会形象，促进社会主义精神文明建设等方面都发挥着积极的作用。

校园礼仪不仅是师生应该遵守的日常行为规范，还是做人的基本要求。比如，同学间要团结、友爱；对师长要有礼貌；衣着打扮要符合学生的身份；在公共场所要注意社会公德等。

## 项目一　遵守社会公德，注意校园仪表

社会公德是人们在社会生活中所需要共同遵守的行为准则，通过社会舆论对人们的社会生活发挥一定的约束作用。讲公德是讲礼仪的一个重要基础，讲礼仪则是讲公德的具体表现。

要求大学生讲究公德，意在使之成为一名真正有教养、高尚、文明的人。

不同阶级有不同的社会公德。在不同时代里，社会公德的具体内容也不同。国家提出了"八荣八耻"社会主义荣辱观：

以热爱祖国为荣，以危害祖国为耻；以服务人民为荣，以背离人民为耻；

以崇尚科学为荣，以愚昧无知为耻；以辛勤劳动为荣，以好逸恶劳为耻；

以团结互助为荣，以损人利己为耻；以诚实守信为荣，以见利忘义为耻；

以遵纪守法为荣，以违法乱纪为耻；以艰苦奋斗为荣，以骄奢淫逸为耻。

这实则就是当代社会主义社会公德的基本内容。社会公德的具体内容如下。

### 一、维护秩序

良好的社会秩序是避免混乱与动荡的基本保障。如果全体公民自觉遵守并维护社会秩序，社会就会稳定与祥和。在维护秩序方面，人们应该努力做到遵纪守法、保护公物、无碍于人、礼让有序。如图2-1所示。

模块二
校园礼仪与审美

图 2-1

## 二、关心他人

在社会生活中,人与人之间应当相互关心、互助友爱。在公共场合要做到目中有人,在力所能及的范围内积极主动地关心他人,如照顾老人、尊重妇女、保护儿童、帮助病残等。

## 三、讲究卫生

讲究卫生是每一位文明人所必须具备的素质。除个人卫生以外,大学生还应该认真细致地讲究生活卫生、环境卫生,爱护环境。

任务一:在日常生活中,把身边有悖于社会公德的行为抓拍下来,想一想为什么会出现那样的行为,同学们可以互相监督与评价彼此是否具备一位公民应有的素质。

你是否做过以下的某种行为？

① 在公共场合与同学互相追逐打闹，大声喧哗。

② 在公共场所活动时，四处乱刻、乱画、乱涂、乱抹；随意攀爬校内的树木，乱踩草地。

③ 公共场所与陌生人共处时，在环境并不拥挤的情况下与他人距离小于 1.5 米。

④ 见到有需要帮助的老人时，快步离开。

⑤ 在儿童面前言行随意，讥笑他人的名字、身材、模样。

⑥ 在宿舍看剧、打游戏、做作业到深夜甚至天亮。

⑦ 在公共场所吸烟，酗酒猜拳。

⑧ 打扫卫生时自扫门前雪，自己不要的废弃品随意将其投入垃圾桶。

⑨ 在路上行走时随地吐痰。

⑩ 在校园内行走与上下楼梯时，不顾左右规则，直接顺从人流而行，占用紧急通道。

⑪ 看图判断行为对错。见图 2-2～图 2-7。

图 2-2

图 2-3

模块二
校园礼仪与审美

图 2-4

图 2-5

图 2-6

图 2-7

##  项目二　建立和谐的师生关系

> **想一想**
>
> 　　在职业学校一名合格的学生应该具备哪些要素？你是否知道老师除了上课还要做什么工作？尊师重教是中华民族的优良传统，每位学生都应该真心感谢曾经教过自己的老师。

　　在学生所面对的各种学校内外的人际关系中，师生关系是人人都应该予以重视的一种基本关系，作为一种人际关系，师生之间是相互影响、相互作用的。教师对于学生的影响与作用，体现在教书育人、为人师表等方面；学生对于教师的影响与作用，体现在尊敬教师、听从教诲、学而不厌、虚心求教等方面。每一位大学生在具体处理师生关系时，应该把自己摆放在"学"的位置上，对自己在认真学习、听从教诲等方面严加要求。

模块二
校园礼仪与审美

# 一、尊敬教师

教师是学生获取知识的源泉,是学生处理疑难的向导。教师倾其心血于教育事业,把自己的知识传授给学生,学校所负担的为社会培养人才的重任主要是依靠教师来完成的。教师工作辛苦,无私奉献,因此理当为整个社会所尊重,而身为学生更应当尊敬自己的老师。

大学生对教师的尊敬应该通过以下具体形式正确地体现出来。

## 1. 行动上尊敬教师

一同外出行走时,学生应当主动请教师行走在前,或使之居于内侧,走廊空间较狭小时,应该侧身面向教师让其先行,如图 2-8 所示。与教师一同就座时,应当先请教师就座,并使之居于上座。出入房门、上下楼梯、乘坐电梯与车辆时,学生须认真地行"弟子礼",对教师礼让。

图 2-8

### 2. 态度上尊敬教师

在与教师接触交往时，不论与对方是否熟悉，行为举止都不应过分随便。路遇自己的教师时，不管双方是否置身于校内，学生都应该主动问候教师，并向教师欠身施礼。绝对不允许给教师起外号。

## 二、上课下课

教学活动是学校所有工作的核心，也是教师、学生花大部分精力和时间去参与的内容，所以在课堂上的礼仪就是师生关系的基本礼仪。教师准时到教室，学生提前做好准备，师生互相尊重，共同维护课堂秩序，都是课堂上师生基本的礼仪。

上课前应该做好以下准备。

① 学生开好教室的灯光，整理好课桌，调整好桌椅之间的距离，以一张桌子的大小为标准，调整好组别桌子过道的距离，调整桌椅时应该注意避免发出太大的声响。

② 学生安排值日生擦净黑板或者白板，提前检查好板书用的笔是否有墨水，必要时应及时添加墨水，或者提醒教师。

③ 教师步入教室后学生应向教师行注目礼，教师与学生相互问好，准备上课。

下课时，等教师宣布下课再收拾物品准备离开。离开教室时，坐在靠窗边的同学应随手关好窗户并拉好窗帘，坐在后面的同学随手关掉教室后排的灯光、风扇及教室的后门。最后离开教室的同学务必随手关掉前排的灯光、风扇及教室的前门。

## 三、课堂过程

① 维护课堂秩序，手机关机或调为静音，不可在课堂上接打电话、玩游戏、聊QQ或微信刷朋友圈，如有急事需要向教师请示，得到允许后，方可离开教室使用。

② 在上课过程中应该始终保持端正的坐姿，教师讲课时应保持安静，不做与课堂无关的事，更不允许在课堂上睡觉、随意走动。

③ 如果学生因故迟到，应该注意在教室门口停下喊"报告"，得到教师允许后方可进入，或者按教师的要求进入教室。进入教室后，落座动作要轻，不可与周围的同学说话。

④ 教师讲解时尽量不要打断。学生如需提问或发言应举手示意，得到允许后方可讲话。学生回答问题时，应自觉起立，回答时声音要响亮，内容要表述清楚，让教师和

全班同学能听清。当回答错误或者回答不上来的时候，其他同学切忌不可肆意嘲笑。

⑤ 积极配合课堂需要的模拟活动，在教学过程中，若教师出现某些失误，如口误、笔误等问题，学生理应予以理解，切不可公然嘲笑教师，让其过分难堪。

## 四、师生仪表

### 1. 教师仪表

教师是学生工作的主体，不仅是科学文化知识的传播者，而且是学生思想道德的教育者。教师在传播知识的同时应该以自己的言谈举止、礼仪礼貌对学生进行潜移默化的影响，从而对学生的言谈举止发生作用。

教师仪容的基本要求：

① 干净整齐，男教师切忌给人懒散的感觉，头发要梳理，脸面要保持干净、利索。

② 女教师不宜浓妆艳抹，头发过长应盘起或使用淡雅的头饰修饰点缀发型。

③ 教师的着装主要以文雅、庄重和朴素为主。

### 2. 学生仪表

在校期间，学生的仪表应该符合学生的身份，使自己的外在形象整洁、大方。基本要求如下：

① 不宜太过标新立异，面容保持干净，不宜剃光头，不管男生女生都切忌披头散发。

② 在教室内上课时如无特殊原因，应该摘下帽子、口罩等饰物。

③ 着装要求：禁止敞胸露怀，不穿奇装异服，在教学活动范围内，不得穿拖鞋、吊带背心进入。

## 五、进出办公室

### 1. 穿戴整齐

进入办公区域和教师办公室时，应该穿戴整齐，不能穿背心、拖鞋进入。遇见值勤的同学以微笑礼问候，不能互相追逐打闹，高声喧哗。

### 2. 登门有礼

进入办公室前必须先敲门或者喊"老师好"，得到允许方可进入。进入办公室后，不可以自行就座，等教师请学生坐下，学生才可以坐下。学生和教师说话时，应该目光

专注凝视教师，不可东张西望，坐下时不得跷二郎腿或者抖腿。

### 3. 管好自己

在教师办公室不能随便翻动教师办公桌上的物品，或者随意浏览教师电脑里的文件等。不应在教师办公室停留时间过长，离开时要礼貌告辞。

## 六、同学关系

在大学校园内，同学之间朝夕相处、情同家人。在大学生活里所产生的同学之间的情谊，往往既纯洁，又长久，它通常被视为人类所拥有的最美好的感情之一。对于一位大学生而言，处理好同学关系，珍视同学情谊，将对自己的学习、成长乃至今后的事业、生活具有极大的帮助。

在处理同学关系时，应该注意以下几点。

### 1. 以礼待人

与同学相处不管具体关系如何，均应对其表现出应有的尊重，并时刻对对方以礼相待。遇见同学应该主动打招呼，可以行问好礼、点头礼、微笑礼、招手礼等，态度要热情诚恳。交谈时力求语言文雅，注意场合分寸，开玩笑不能触及他人的忌讳。在宿舍时要自觉保持宿舍内外的整洁，换下的脏衣物要及时洗净晾干，学习用品也要整齐地放置在规定的地方。

### 2. 理解宽容

以诚待人，要求自己心口如一、言行一致，不可以充当口是心非、表里不一、缺乏真诚的"伪君子"。不能随便在他人床上坐卧，上下床铺时动作要轻，晚归时应该事先给宿舍的同学发信息。与人为善，要求自己在待人接物方面要心存善意，对同学友好相待，切不可心存恶念、以恶待人。尊重他人人格以及生活习惯和风俗习惯，不讥笑、辱骂同学，不给同学起绰号。同学之间相互理解包容他人的立场和态度，懂得别人的思想感情，对对方的喜怒哀乐能够心领神会。提倡宽容，是要求大学生要宽宏大量，善于容人，善于原谅别人的过失。

### 3. 团结友爱

在学生时代，我们往往需要进行团队合作完成学业，在今后的工作事业中，合作也是必不可少的，因此，同学之间团结友爱的重点是注意加强团结，在任何情况下都不应该无事生非,要主动维护院系、班级形象。在校期间,同学之间需要相互帮助时,应该分清是非,量力而为。

#### 4. 遵时守信

在现代人看来,时间就是生命,时间就是效益,时间就是金钱,如无特殊情况,不能随意在与对方约定好的时间内迟到或失约,必须对遵守时间予以高度重视。古人在谈及做人道理时,曾有"一诺千金"之说,现代社会更讲究遵守承诺,"言必行,行必果"。在社会交际中,出尔反尔、言而无信、有约不守,都被视为严重有损于个人形象的恶习。

## 七、集体关系

#### 1. 个人与集体

毫无疑问,在大学生活里,是不排斥每一位学生展现自己的个性、发展所长的。但作为集体中的个人,应该自觉主动地关心自己所处的集体,积极参与集体活动,在力所能及的范围内,在精神上、物质上、行动上积极为集体排忧解难,严格要求自己努力完成集体所交付的任务。

#### 2. 集体与集体

当大学生代表自己所在的集体与其他集体进行交往时,不仅要努力维护自己所在集体的声誉,还要注意向其他集体虚心学习。应该友好协作,集中力量将彼此的事情办好,在相互竞争的过程中,相互促进,共同进步。

任务二:思考一下,你们的宿舍里有没有一个好听的名字?同学之间相处需要注意什么问题?宿舍里有没有设定的一些可以促进同学和谐相处的小规定?

# 模块三
# 仪容仪表仪态礼仪与审美

❖ 项目一　整理仪容礼仪与审美
❖ 项目二　掌握仪表礼仪与审美
❖ 项目三　掌握仪态礼仪与审美

在当今社会中，人与人见面的第一印象尤为重要。无论对于个人还是对于企业来说，给别人留下良好的第一印象，无疑会对未来的商务活动奠定一个良好的基础，使其能在未来的商务活动中如鱼得水，游刃有余。那么，如何塑造一个良好的第一印象呢？本模块将从仪容、仪表及仪态这几个基础方面讲述如何塑造一个全新的商务形象。

## 项目一　整理仪容礼仪与审美

狭义的仪容，通常是指人的外观、外貌，是一个人身体的所有未被衣物所覆盖的部分，是一个人精神面貌和内在气质的外在体现。而广义的仪容是一个综合概念，它包括三个层次的含义：其一是指人的自然美，即人的容貌、形体、体态等协调、优美；其二是指人的修饰美，即经过修饰打扮后及后天环境而形成的美；其三是指人的内在美，即一个人内心世界和蓬勃向上的生命活力的外在体现。在商务活动中，端庄、美好、整洁的仪容，能够使对方产生好感，有利于商务活动的顺利开展。

自然美是美化仪容的最高境界，就像一位化妆师说的，最高明的化妆，是让人没看出来你化了妆。在日常生活中，一般不要化舞台妆，应当化淡妆，力求化妆之后显得很自然，有天生丽质的感觉。美好的仪容要讲究适度原则，不能浓妆艳抹，要自然地表现个人的气质和美。

修饰美重在指美化仪容要讲究和谐，这主要包括妆容协调、全身协调、场合协调、角色协调等。妆容协调指的是化妆部位色彩搭配协调，针对脸部个性特点，整体协调；全身协调指的是面部化妆和发型、服饰搭配协调；场合协调指的是所化妆容和所处场合要求一致，如日常工作要化淡妆，出席商务宴会和舞会可以适度化浓妆等；角色协调指的是针对自己在商务活动中所扮演的不同角色采用不同的妆容，如商务谈判要凸显端庄稳重的气质。

内在美要注意塑造内在的素质、内涵、修养，同时美好的仪容要得体端庄，要结合自己的职业特点，不仅仅要考虑到美观，还要符合自己的身份。

模块三
仪容仪表仪态礼仪与审美

## 一、头发的清洁与发型选择

### 1. 洗发的方法

① 头发要经常清洗，一般 1～2 天清洗一次。对头发的要求遵循"三不"原则，即不能有味、不能打结、不能有头皮屑。

② 参加重要活动之前，一定要清洗头发，使头发蓬松，因为蓬松的头发可以提升面部肤色的亮度，使人看起来神采奕奕。

### 2. 发型的选择

① 男士发型。男士头发要清洁，长度要适宜，前发不附额，侧发不掩耳，后发不及领；不能留长发、大鬓角；不允许留络腮胡子和小胡子。

② 女士发型。女士不梳披肩发，头发不可以挡盖眼睛，不留怪异的新潮发型；头发过肩要扎起，配以深色的头饰为宜；不要将头发染成中国人自然色以外的其他颜色。

③ 合适发型的要求。发型要与脸型、头型、性别、年龄、个性、身材、职业、场合等相符合。如图 3-1 所示。

干净整洁　　　　长短合适　　　　染发禁忌　　　　发型选择

图 3-1

## 二、眼睛的清洁

① 眼睛要常注意清洁眼角的分泌物，每隔 2～3 小时检查一次。

② 化眼妆的女士要常检查眼线、眼影是否晕妆，要及时进行眼角周围的调整。

## 三、耳朵的清洁

耳朵的清洁要注意到位，尤其是耳廓部位，避免有存积。

## 四、鼻子的清洁

鼻毛要常注意修剪。

## 五、牙齿的清洁与护理

牙齿是口腔的门面，拥有一口亮白、整洁的牙齿是仪容美的重要部分，同时也会提升微笑的感召力。25 周岁以上的职场人员可以每 1～2 年去一次专业的牙科洗牙，如若平常喝茶、吸烟比较频繁，也可考虑每年清洗 1～2 次。要保持牙齿的清洁卫生，做到以下两点：

① 要坚持每天早晚两次刷牙。

② 要尽量少抽烟，少喝浓茶。

切忌当着他人剔牙，可以用手掌或餐巾纸掩住嘴角。

## 六、口腔的清洁与护理

在职业场合，如果与人交谈时口中散发出难闻的气味，会使对方很不愉快，自己也会很难堪。

### 1. 口腔异味的主要源头

① 咽喉疾病、消化系统问题。

② 抽烟，进食韭菜、葱、蒜等刺激性食物。

### 2. 消除口腔异味

① 患咽喉和消化系统疾病要及时治疗，消除口臭根源。

② 在参加重要活动之前，尽量不要吃刺激性食物。

③ 坚持饭后漱口，即每日三餐后的三分钟内要漱口。

④ 可以含茶叶或嚼口香糖来化解异味，但是要注意在正规的交际场所不能当众嚼口香糖。

## 七、香水的使用方法

香水是无形的装饰品,恰当地使用香水是仪容礼仪的点睛之处,能够体现一个人较高的礼仪素养。如图 3-2 所示。

图 3-2

### 1. 香水的类型

① 浓香型香水:又称香精,适合出席宴会或舞会时使用。

② 清香型香水:适合一般性的社交场合使用。

③ 淡香型香水:适合平时上班使用。

④ 微香型香水:又称香氛,用于沐浴后或者健身时使用。

### 2. 香水的使用方法

① 香水多涂抹在手腕、颈部、耳后、臂弯里等有脉搏跳动的部位,这样香味随着脉搏跳动、肢体转动而散发气味。

② 香水也可喷洒于腰部、髋关节,这是为了让香味更持久。

③ 香水也可喷洒于脚踝处,这样可使香味更自然。

④ 香水还可以喷在衣服上,一般多是喷于内衣、外衣内侧、裙下摆以及衣领后。

⑤ 还可以把香水向空中轻轻喷几下,在头顶形成一片香雾,让其轻轻洒落在身上,散发出怡人的气息。

⑥ 在办公室中,比较受欢迎的男香香调是木质辛香调,比较受欢迎的女香香调是清新的花香、果香调。

## 八、化妆

化妆是礼仪的需要,掌握一些基本的化妆技巧,可以提高商务人员的个人魅力,为商务人员的生活和工作增添光彩。

### 1. 化妆的原则与禁忌

① 美化。修饰得当,适度矫正,扬长避短,力戒怪异。

② 自然。"化妆上岗、淡妆上岗"是商务人员的基本要求,也只有达到"清水出芙蓉,天然去雕饰""妆成有却无"的境界,才是真正的自然的体现,才是化妆高水准的体现。如图3-3所示。

自然　　　　　　　　美化

图3-3

③ 协调。化妆品的使用最好要协调,化妆后的各部位颜色要协调,妆容需要与衣着和饰品相协调。

④ 化妆禁忌。浓妆艳抹和当众表演。

### 2. 化妆的步骤

化妆的步骤可以在下述步骤的基础上增减变化。如图3-4所示。

第一步,清洁。整洁是仪容的基本要求。

图3-4

## 模块三 仪容仪表仪态礼仪与审美

沐浴时使用浴液，浴后使用润肤蜜保养、护理全身肌肤，并注意保护手部。

第二步，做头发。在淋浴时，使用香波洗发，浴后吹干头发，冷烫定型，或使用发胶、摩丝，做出称心发型。

第三步，洁面。用洗面奶去除油污、汗水与灰尘，使面部彻底清洁。随后在脸上拍打化妆水，为面部妆容做好准备。

第四步，涂敷粉底。先用少量的护肤霜涂抹于面部，以保护皮肤免受其他化妆品的刺激。接下来，在面部的不同区域使用颜色深浅不同的粉底，使妆面产生立体感。完成之后，可使用少许定妆粉来固定粉底。

第五步，描眉画眼。眉毛由眉头、眉腰、眉峰和眉梢四部分组成，如图 3-5 和图 3-6 所示。首先，修眉、拔眉、画眉；其次，画好眼线；再次，运用睫毛膏、睫毛器对眼睫毛进行"加工"造型；最后，通过涂眼影来为眼部着色，加强眼睛的立体感。

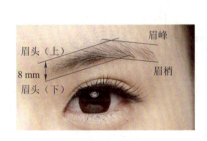

图 3-5

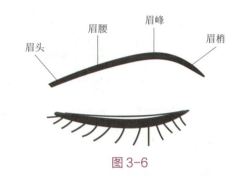

图 3-6

画眉原则：

① 圆脸：适于画上扬眉，使脸部相应"拉长"。

② 长脸：适于画水平眉，可以使脸显得短一些。

③ 三角脸：不适合有角度的眉毛，眉形要大方。

④ 方脸：眉毛不宜过细，立体角度眉可使脸看起来较圆。

⑤ 倒三角脸：适合柔和、稍粗的水平眉。

第六步，美化鼻部。即画鼻侧影，以弥补鼻型的缺陷。

第七步，打腮红。涂好腮红后，应再次用定妆粉定妆。

第八步，修饰唇形。先用唇笔描出口形，然后填入色彩适宜的唇膏，使双唇生色。

第九步，喷涂香水。美化身体的整体"大环境"。

第十步，修正补妆。检查化妆效果，进行必要的调整、补充、修饰和矫正。至此，一次全套化妆彻底完成。

## 九、面部肌肤的护理

### 1. 洗脸的步骤与方法

取适量洗面奶,用双手的中指和无名指肚在脸上打圈揉搓。清洗的步骤是:T形区→额头→鼻翼及鼻梁两侧→嘴巴四周,最后用清水洗去泡沫即可。

### 2. 面部保养需要使用的基础护肤品

基础护肤品一般包括洗面奶、柔肤水(爽肤水)和乳液。正确的步骤是:用洗面奶洗脸→拍打柔肤水(爽肤水)→涂抹乳液。如图3-7所示。

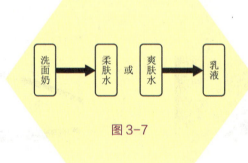

图3-7

### 3. 男士面部的修饰

男士要注意定期修剪鼻毛,切忌让鼻毛露出鼻腔。男士的胡须长得快,需要每天剃须、修面。

任务一:女性需在20分钟左右完成一个日常的商务淡妆;男性需检查好五官及毛发的清洁度、整齐度。

#  项目二  掌握仪表礼仪与审美

职业形象是商务礼仪"内强素质,外塑形象"的重要组成部分,对个人形象及企业形象有着重要的影响。

模块三
仪容仪表仪态礼仪与审美

# 一、商务男士着装礼仪

西装是一种国际性的服装,被认为是男士正统服装,是商务男士正式场合着装的优先选择。商务男士西装的样式如图3-8所示。

图3-8

## 1. 男士西装的分类

(1)按西装件数划分

①单件上装。在非正式场合,如外出游玩、参观、一般性聚会、购物等,若穿西装,最好只穿单件上装,再配以其他色调和面料的裤子即可。

②两件套西装。两件套西装的上下装面料的颜色和质地要一致。在半正式场合,如一般性会谈、访问、会议,白天举行的比较隆重的活动、宴会,特定的晚间社交活动场合,必须穿颜色素雅的套装,以深色、单色最为适宜。如图3-9所示。

③ 三件套西装。两件套西装再加上同色同料的马甲（背心）就成为三件套西装。马甲不是西服着装的必需配件，但是在天气寒冷的季节，加穿一件马甲不但有一定的装饰效果，也可以起到一定的御寒作用。

需要注意的是，在正式场合不能脱下外衣单独穿马甲。一般情况下，西装马甲只能与单排扣西装上衣配套。

（2）按照西装纽扣的排列划分

① 单排扣西装。单排扣西装又有单粒扣、两粒扣、三粒扣之分。单粒扣的西装需要扣上；两粒扣的西装讲究"扣上不扣下"，即只系上边那粒纽扣；三粒扣的西装上衣，或者系上面两粒纽扣，或者只系中间那粒纽扣。

② 双排扣西装。双排扣的西装由于设计风格偏于稳重，纽扣的扣法也相对保守，在着装时一般要把纽扣全部扣上。如图3-10所示。

图3-9

图3-10

需要指出的是，如果是就座状态，可以把全部纽扣都解开，这样既使西装不易扭曲变形，又使人坐得舒服、自然。

### 2. 男士西装的着装规范

（1）西装的色彩及图案

西装的色彩必须显得庄重、保守，如藏蓝、藏青、灰色、棕色等，黑色的西装亦可以考虑，但更适合在庄严和肃穆的礼仪活动中穿。按照惯例，越是正规的场合，越讲究穿单色的西装。西装表现的是成熟、稳重，所以西装一般以没有图案为好。

（2）合身

合身的西服上装，其标准长度应该符合以下要求：当人自然站立手臂自然弯曲时，手指刚好触及西装的底边（也可以因人而异，稍长或稍短），如果手臂伸直，底边应该在中指的第二关节处；而西裤后脚以落在鞋帮的1/2处为宜。

（3）穿西装的"三个三"

① 三色原则：身上的颜色一般不宜超过三种（三个色系），包括西装、衬衫、领带、鞋袜在内。

② 三一定律：商务男士的腰带、皮鞋和公文包应该为同一色系，且以黑色为首选。

③ 三大禁忌：袖口上的商标没有拆；在非正式场合穿夹克打领带；商务男士在正式场合穿西装套装时穿白色袜子。

### 3. 男士西装的搭配

（1）西装与衬衫的搭配

① 搭配西装的衬衫，其颜色应与西装颜色协调。在正式场合，一般选择棉质的白色衬衫。

② 与西装配套的衬衫要求是领式的，必须挺括、整洁、无皱褶，尤其是领口。

③ 西装穿好后，衬衫领应高出西装领口1厘米左右，衬衫袖长应比西装上装衣袖长出1厘米左右，这就是穿西装的"两一规则"。这样既可以避免西装袖口受到过多的磨损，又可以用白色衬衫衬托西装的美观，显得更干净、利落。需要注意的是，由于受到流行趋势的影响，现在有很多的衬衫袖长比西装上装衣袖长出2～3厘米，通常这种西装多为比较紧身的修身版型。

④ 在正式场合，不管是否与西装合穿，长袖衬衫的下摆必须塞在西裤里，袖口必须扣上纽扣，不可翻起。

⑤ 系领带时，衬衣领口扣子必须系好，不系领带时衬衣领口扣子应解开。

⑥ 选衬衫时，领围以合领后可以伸入一个手指头为宜。

⑦ 每位男士都应该至少有一件白色或浅蓝色的领部扣衬衫。

（2）西装与领带的搭配

领带被称为"西装的灵魂"，它是西装的重要装饰品，在西装的着装中起画龙点睛的作用。一般而言，领带是专属于男士的饰物。男士穿西装时，特别是穿西装套装时，不打领带往往会使西装黯然失色。如图3-11所示。

图 3-11

一套同样的西装，只要经常更换不同的领带，往往也能给人耳目一新的感觉。领带打好之后，外侧应略长于内侧，如图3-12所示。其标准的长度，应当是领带的下端正好触及腰带扣的上端。领带打好以后，应被置于合乎常规的位置。穿西装上衣系好衣扣后，领带应该处于西装上衣与内穿的衬衫之间。如果穿马甲，应将领带置于它与衬衫之间。

图 3-12

## 模块三 仪容仪表仪态礼仪与审美

领带结的基本要求是：挺括、端正、形状呈倒三角形。领带结的大小大体上应与同时所穿的衬衫领子的大小成比例。即衬衣的领角越大，领带结扎得越大；领角越小，领带结扎得越小；领角适中，领带结也需扎得适中。

打温莎结的步骤如图3-13所示。

① 宽的一端（下面称大端）在右，窄的一端（下面称小端）在左。大端在上，小端在下，呈交叉状。

② 大端由内侧向上翻折，从领口三角区域抽出。

③ 继续将大端翻向左边，即大端绕小端旋转一圈。

④ 大端由内侧向右边翻折。

⑤ 右边同左边一样，绕小端旋转一圈。

⑥ 整理好骨架，拉紧。

⑦ 从正面向左翻折，成环。

⑧ 将大端从中间区域内侧翻折出来。

⑨ 系紧领带结，完成。

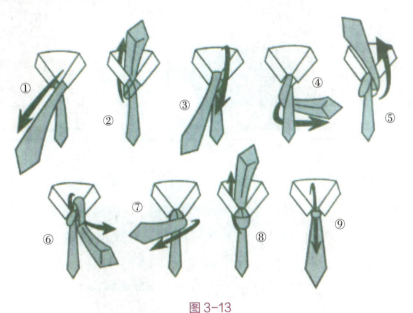

图3-13

打温莎结的关键就在于，要在领带结的两边都绕一个圈，这样一来领带结就被填充得特别饱满，不像其他领带结那样小而空，且三角形不对称。温莎结适合宽领衬衫，佩戴时要把领带结的两头藏在衬衫领下面，填充出一个完美的领带结三角区。

当然，领带的打法多种多样，还有其他一些打法。

① 平结。平结是男士选用最多的领带结打法之一，几乎适用于各种材质的领带。平结会在领结下方形成一个"酒窝"，要注意两边均匀对称。

② 交叉结。这是适合单色、素雅且较薄面料的领带的打法。喜欢展现流行感的男士不妨多使用交叉结。

③ 双环结。一条质地细致的领带再搭配上双环结颇能营造时尚感，适合年轻的上班族选用。该领带结的特色就是第一圈会稍露出于第二圈之外。

④ 双交叉结。双交叉结给人一种高雅且隆重的感觉，适合正式活动场合。该领带结应多运用在素色丝质领带上，搭配大翻领的衬衫不但适合且有种尊贵感。

此外，还有亚伯特王子结，如图 3-14 所示；浪漫结，如图 3-15 所示；马车夫结，如图 3-16 所示。

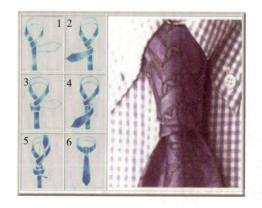

图 3-14

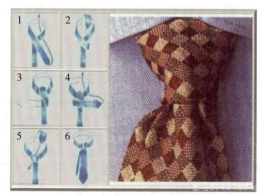

图 3-15

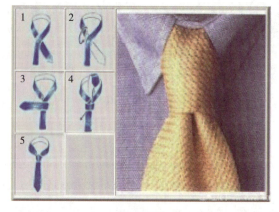

图 3-16

（3）西装与皮带的搭配

① 与西装相匹配的皮带要求是皮质材料，光面，保色，带有铜制皮带扣。

② 皮带的宽窄一般在 2.5 厘米左右，颜色应与鞋子和公文包的颜色相统一。

③ 穿西装时，皮带上不要挂手机、钥匙等物品。

（4）西装与鞋袜的搭配

① 穿西装一定要穿皮鞋，即便是夏天也应如此。

② 和西装搭配的皮鞋最好是系带的、薄底素面的西装皮鞋。皮鞋的颜色要与西装颜色搭配，深色西装搭配黑色皮鞋。

③ 皮鞋要上油擦亮，不留灰尘和污迹。

④ 穿皮鞋时，袜子的颜色要深于鞋子的颜色，通常为黑色。如图 3-17 所示。

⑤ 袜筒的长度要高及小腿并有一定的弹性，袜口太短或松松垮垮的袜子，坐下来时会露出腿部皮肤或腿毛，不符合礼仪规范。

⑥ 特别强调的是，穿西装一定不能穿白色袜子，或不穿袜子。

（5）西装与公文包的搭配

① 与西装搭配的公文包多为长方形公文包，面料以真皮为宜，并以牛皮、羊皮制品为佳。

② 颜色一般选择黑色或咖啡色，最好与皮鞋和皮带的颜色一致。

③ 造型要求简单大方，除商标外，公文包在外观上不宜带有任何图案和文字。

（6）西装与钱夹的搭配

穿西装时，应该使用皮制的、造型长而扁的西服钱夹，钞票可以平放其中。西服钱夹应该插放在西装内兜里，不能装太多东西，以免破坏西装的平整。

图 3-17

（7）西装与手表和饰品的搭配

① 与西装相配的手表要选择造型简约、颜色保守、时钟标示清楚、表身比较平薄的商务款式。

② 男士在职业场合的首饰要减到最少，至多戴一枚婚戒。

③ 西装手帕是以烫平整的各种单色丝质手帕折叠而成的，可以折叠成三角形、三

尖峰形、V形等,插于西装上衣左上侧的胸袋,达到锦上添花的效果。

## 二、商务女士着装礼仪

女士在职业场合的穿着以职业套裙最为规范和常见。一方面,这种形式和线条的服装,会给职业女性以权威感;另一方面,职业套裙早已为具有国际影响力的大集团、大公司所采用,被赋予了很强的职业符号性和标记功能。如图3-18和图3-19所示。

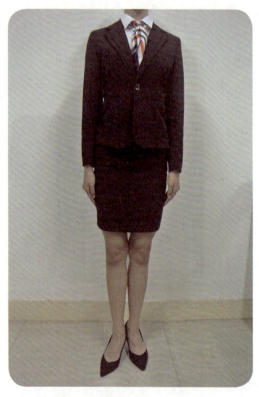

图3-18

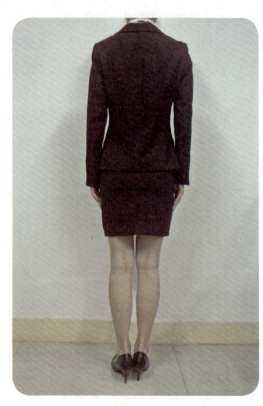

图3-19

#### 1. 职业套裙的分类

20世纪30年代,法国时装设计师克里斯蒂安·迪欧以拉丁字母为形式,创造了H形、X形、A形、V形四种造型模式。这四种造型各有其特点。

① H形套裙是上下无明显变化的宽腰式服装,上衣较为宽松,裙子多为筒式。上衣和裙子浑然一体。其形状如一个上下等粗的拉丁字母H。穿此类服装,给人以自由、轻松、洒脱之感,既可以让着装者显得含蓄和帅气,也可以掩盖身材较胖的缺点。

## 模块三
仪容仪表仪态礼仪与审美

② X形套裙是根据人体外形的自然曲线——肩宽、腰细、臀大的特点而设计的服装，符合人体的体形特征。X形套裙上衣多为紧身式，裙子则大多都是喇叭式，穿起来能够充分体现出人体的自然曲线美，突出着装者腰部的纤细，给人以活泼、浪漫之感。

③ A形套裙指上小下大的服装款式。基本特点是肩部下坠、贴体，裙子下摆宽大，有的还呈波浪形。20世纪50年代后流行于欧美各国的连袖式服装即是这种类型。由于此种服装肩部窄小，裙摆宽大，因此给人以优雅、轻盈、飘逸之感。

④ V形套裙是与A形套裙恰恰相反的服装款式，呈上宽下窄的形状，如同拉丁字母V。上衣为松身式，裙子多为紧身式，并且以筒式为主。它的基本造型就是上松下紧，其造型结构简练，穿起来舒适、利落，往往会令着装者看上去亭亭玉立、端庄大方。

### 2. 职业套裙的着装规范

① 套裙色彩以冷色调为主，藏蓝、炭黑、烟灰、雪青、黄褐、茶褐、蓝灰、暗黄、紫红等颜色都是很好的选择，不宜选择过于鲜亮扎眼的色彩，同时，应当与流行色保持一定的距离。另外，套裙的上衣和裙子可以是一色，也可以采用上浅下深或上深下浅两种并不相同的颜色，使之形成鲜明的对比，前者显得庄重、正统，后者显得富有活力和动感。商务女士套装的样式如图3-20和图3-21所示。

图 3-20

图 3-21

② 套裙应图案简洁、尺寸适宜、造型简约。

③ 在正式的商务场合中，无论什么季节，正式的商务套装都必须是长袖的。

④ 职业裙装的裙子应该长及膝盖，坐下时裙子会自然向上缩短。如果裙子缩短后离膝盖的长度超过 10 厘米，就表示这条裙子过短或过窄，是不适宜穿的。

⑤ 套裙着装六不准。不准过大或过小；不准衣扣"不到位"；不准不穿衬裙；不准内衣外现；不准随意自由搭配；不准乱配鞋袜。

### 3. 职业套裙的搭配

（1）职业套裙与衬衫的搭配

① 与职业套裙搭配的衬衫颜色最好是白色、米色、粉红色等单色，也可以有一些简单的线条和细格图案。

② 衬衫的最佳面料是棉或丝绸。

③ 衬衫的款式要裁剪简洁，不带花边和褶皱。

④ 穿衬衫时，衬衫的下摆必须放在裙腰之内，不能放在裙腰外，或把衬衫的下摆在腰间打结。

⑤ 除最上端一粒扣按惯例允许不系外，其他纽扣不能随意解开。

⑥ 在穿职业套裙时，不能在外人面前脱下西装，直接以衬衫面对对方，尤其是身穿紧身而透明的衬衫时，要特别注意这一点。

（2）职业套裙与丝巾的搭配

丝巾的款式丰富，按规格可以分为大、中、小丝巾，按材质可分为丝、棉、麻、混纺丝巾，按形状可分为长方形、正方形和三角形丝巾。在商务场合常用的小方巾的规格一般是 60 cm×60 cm，形状为正方形，优选丝绸材质。小方巾折叠的基本动作包括折、收、绕、拧、拉、系和穿。小方巾的打法有以下 5 种。

① 平结。

第一步：将相对的两角向中心点折叠，见图 3-22。

第二步：再向中心点折叠，见图 3-23。

图 3-22

图 3-23

第三步：再一次向中心点折叠，见图3-24。

第四步：对折，将丝巾折成长条状，见图3-25。

图3-24　　　　　　　　　　图3-25

第五步：从后向前绕脖颈一周，两端交叉系一个结，见图3-26。

第六步：再系一个结，使丝巾两端自然下垂，也可整理成叶片形状，见图3-27。

图3-26　　　　　　　　　　图3-27

此系法既适合于无领贴颈佩戴，也适合于翻领领下佩戴，系法简单，造型简洁、大方。

② 三角结。

第一步：将丝巾相对的两角折叠成三角状，见图3-28。

第二步：在丝巾两端10厘米处各系一个结，见图3-29。

图3-28　　　　　　　　　　图3-29

第三步：从前向后绕脖颈一周，颈后以平结固定，调整三角形的佩戴角度，可位于脖颈正中，也可以放置在一侧，见图3-30。

图 3-30

此系法既适合于无领贴颈佩戴，也适合于翻领领下佩戴，造型自然，给人以轻松的感觉。

③ 花冠结。

第一步：将丝巾对折，见图 3-31。

第二步：从较长边中心点两端向中间收起，见图 3-32。

图 3-31　　　　　　　　图 3-32

第三步：再从中间向两端拧成麻花状，见图 3-33。

图 3-33

第四步：从后向前绕脖颈一周，系一个结，调整花冠的佩戴角度，可位于脖颈正中，也可以放置一侧，见图 3-34。

模块三
仪容仪表仪态礼仪与审美

图 3-34

此系法适合于无领贴颈佩戴,动感的褶皱灵动、活泼,突出青春气息。

④ 领带结。

第一步:将丝巾折成长条状,见图 3-35。

第二步:在一端 10 厘米处系一个结,见图 3-36。

图 3-35　　　　　　　　　图 3-36

第三步:从后向前绕脖颈一周,见图 3-37。

第四步:将一端从结中穿出,见图 3-38。

图 3-37　　　　　　　　　图 3-38

此系法适合于无领贴颈佩戴,也适合于翻领领下佩戴,具有较强的垂坠感,凸显职业女性的帅气、干练。

⑤ 玫瑰结。

第一步：将丝巾相对的两角系平结，打结后的两角尽量小，见图3-39。

第二步：将右边的角从结下穿过，见图3-40。

图3-39　　　　　　　　　　图3-40

第三步：和左边的角交叉拧一次，见图3-41。

第四步：再将右边的角从结下穿回，见图3-42。

图3-41　　　　　　　　　　图3-42

第五步：将两端拉紧形成玫瑰花形状，见图3-43。

第六步：从前向后绕脖颈一周，将玫瑰花放置颈部一侧，颈后以平结固定，见图3-44。

图3-43　　　　　　　　　　图3-44

此系法适合于无领贴颈佩戴，贴合颈部曲线，立体感十足，突出颈部的美感。

除此以外，还有一些其他系法，见图 3-45～图 3-47。

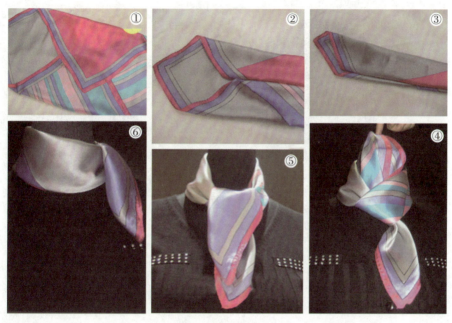

图 3-45

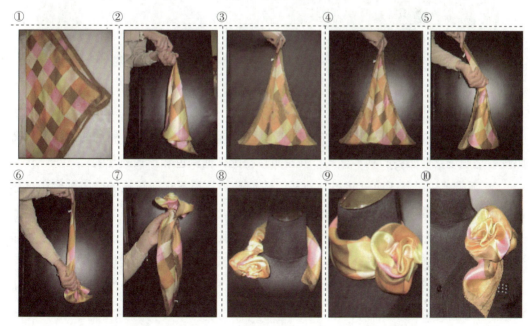

图 3-46

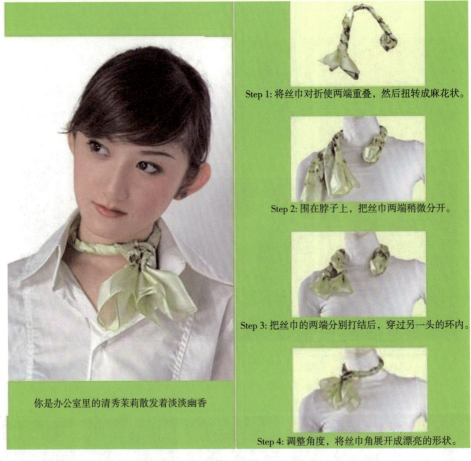

Step 1: 将丝巾对折使两端重叠，然后扭转成麻花状。

Step 2: 围在脖子上，把丝巾两端稍微分开。

Step 3: 把丝巾的两端分别打结后，穿过另一头的环内。

Step 4: 调整角度，将丝巾角展开成漂亮的形状。

你是办公室里的清秀茉莉散发着淡淡幽香

图 3-47

（3）职业套裙与鞋袜的搭配

① 与职业套裙配套的鞋子，应该是高跟、半高跟的船式皮鞋。黑色的高跟或半高跟皮鞋是职场女性必备的基本款式，几乎可以搭配任何颜色和款式的套装。

② 系带式皮鞋、丁字式皮鞋、皮靴、皮凉鞋等，都不宜在正式场合搭配套裙，露出脚趾和脚后跟的凉鞋或皮拖更不适合商务场合。

③ 皮鞋的颜色最好与手袋一致，并且要与衣服的颜色相协调。任何有亮片或水晶装饰的鞋子都不适合商务场合，这类鞋子只适合正式或半正式的社交场合。

④ 中筒袜、低筒袜，绝对不能与套裙搭配。让袜边暴露在裙子外面，是一种公认的既缺乏服饰品位又失礼的表现。

⑤ 穿长筒袜时，要防止袜口滑落下来，也不可以当众整理袜子。

## 模块三 仪容仪表仪态礼仪与审美

⑥ 正式场合穿职业套裙时,要选择肉色长筒丝袜。

⑦ 丝袜容易划破,如果有破洞、跳丝,要立即更换。可以在办公室或手袋里预备好一两双丝袜,以备替换。

(4)职业套裙与佩饰的搭配

女士的饰物有戒指、项链、耳环、手镯(手链)、胸针、头饰等。在职业场合,女士佩戴的饰物与服装要协调搭配,款式简单、精致;同时佩戴的饰物不要超过三种,否则会造成焦点过多,影响整体效果。

① 戒指。戒指的佩戴隐含了一定的意义,所以佩戴戒指时不能随心所欲。一般情况下,一只手上只戴一枚戒指。戒指通常戴在左手上。

② 项链。佩戴项链时,可以利用项链的长短来调节视线,起到锦上添花的作用。如又细又长的项链,可以拉长视线,弥补脖子短粗的缺陷。项链上的挂件,也体现佩戴者的气质和个性,如椭圆形的挂件体现佩戴者成熟、圆润的个性,菱形和方形的挂件,体现独立、自信的个性。

③ 耳环。在职业场合,不要佩戴造型夸张的耳环。造型简洁的耳饰,既具女性美,又体现端庄、稳重。佩戴耳钉时,一只耳朵只能戴一只,不能出现一只耳朵戴好几只耳钉的情况。穿礼服时可以佩戴装饰性较强的耳环,但是也要注意和脸型相适应。

④ 手镯及手链。一只手腕不要同时戴手表和手链(或手镯),也不要同时戴两只手链(或手镯)。如果戴手链(或手镯)妨碍工作(例如办公室文员经常要打字复印),就不要佩戴。

⑤ 胸针。胸针是西服裙装最主要的饰品。穿西装套裙时,别上一枚精致的胸针,能使视线上移,让身材显得高挑一些。胸针一般别在胸襟,胸针的大小、款式、质地可以根据每个人的喜好决定。

任务二:

① 每位同学穿一套商务服装,男女生互相点评对方套装的规范性。

② 以小组为单位,进行领带和丝巾佩戴的计时比赛。

礼仪与审美

# 项目三　掌握仪态礼仪与审美

## 一、站姿礼仪

### 1. 基本站姿

头正，两眼平视前方，嘴微闭，脖颈挺直，表情自然，面含微笑；肩平，微微放松，稍向后下沉；两臂自然下垂，中指对准裤缝；躯挺，挺胸收腹，臀部向内向上收紧；两腿立直、贴紧，脚跟并拢。如图3-48所示。

图3-48

基本站姿，顾名思义，即为标准化站姿。可以说，商务人员的其他常见站姿都是在基本站姿的基础上演化而成的。

模块三
仪容仪表仪态礼仪与审美

### 2. 常见的站姿

① 商务男士常见的站姿。两脚平行分开，两脚之间距离不超过肩宽，以20厘米为宜，两手叠放在背后，双目平视，面带微笑，此种站姿，称为后背式站姿。如图3-49和图3-50所示。

商务男士常见的其他站姿。两脚展开的角度呈45°～60°，呈V字步，身体立直，重心置于两脚，双目平视，面带微笑，两手自然垂放于大腿两侧裤缝处，此种站姿称为侧方式站姿，如图3-51所示；两手自然并拢，大拇指交叉，一只手放在另一只手上，轻贴在腹前，此种站姿称为前腹式站姿；左手背后，右手下垂，此种站姿称为背垂手式站姿，适用于给人指示方向，或解决疑难问题，或提供其他服务。商务男士在商务场合极少采用前腹式站姿。

图3-49

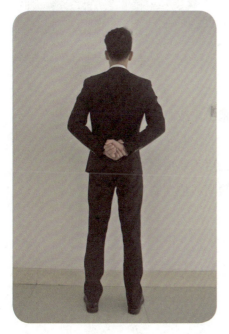

图3-50

图3-51

② 商务女士常见的站姿。两脚并拢或两脚尖略微展开（两脚可以交换，形成左丁字步）；身体直立，挺胸收腹，身体重心可放在双脚上，也可落于一只脚上，通过重心移动来减轻疲劳；两手自然并拢，大拇指交叉，一只手放在另一只手上，轻贴在腹前。此种站姿称为前腹式站姿，优雅、知性，为商务女士所广泛采用，适用于商业服务，表示对客人的尊重与欢迎。商务女士站姿示例如图3-52和图3-53所示。

图 3-52

图 3-53

### 3. 站姿禁忌

① 站立时，切忌将手插在衣袋内，忌无精打采或东倒西歪。
② 忌弯腰驼背、低头、两肩一高一低。
③ 忌把其他物品作为支撑点，倚物站立，更不要倚靠在墙上。
④ 双手忌做无意的小动作，更不要叉在腰间或抱在胸前。
⑤ 腿不要不停地抖动或晃动。

## 二、坐姿礼仪

### 1. 坐姿的基本要求

① 入座时要轻稳。走到座位前转身后，右脚（或左脚）向后退半步，然后轻稳坐下，

模块三
仪容仪表仪态礼仪与审美

再把两脚并齐。如图 3-54 和图 3-55 所示。

图 3-54

图 3-55

② 入座后上体自然挺直，双膝并拢，双腿弯曲，双肩平正放松，两臂弯曲，双手自然放在双腿上。

③ 头正，双目平视，面容平和自然。

④ 坐在椅子上，不宜坐满椅面，以占 2/3 左右椅面为宜。一般情况下，不要靠背，休息时可轻轻靠背。如图 3-56 所示。

⑤ 离座时要自然、稳当，右脚（或左脚）先向后收半步，然后起立，起立后两脚并齐。

### 2. 女士坐姿

① 正坐式。双腿并拢，上身挺直，坐下，两脚脚尖并拢略向前伸，两手叠放在双腿上，略靠近大腿根部。入座时，若是着裙装，应用手将裙摆稍稍拢一下，然后坐下。如图 3-57 所示。

图 3-56

53

②前腿后腿式坐姿。在正坐式坐姿的基础下，双膝并拢，左脚或右脚向后收起至前脚掌着地，另一只脚保持不变。如图 3-58 所示。

图 3-57

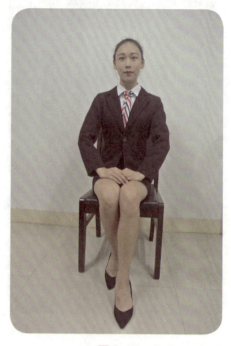

图 3-58

图 3-59

③斜点式坐姿。坐在较低的沙发上时，若双腿垂直放置，膝盖可能会高过腰，极不雅观。这时最好采用双腿斜点式坐姿，即双脚脚尖并拢朝向小腿延伸的方向，达到延伸的效果。如图 3-59 所示。

④叠放式坐姿。上身挺直，坐正，腿向前方，左小腿垂直于地面，全脚支撑，右腿重叠于左腿上，小腿向里收，脚尖向下，双臂交叉撑在左右腿上。特别要注意将上面的小腿收回，脚尖向下，锁紧在脚踝处，两只脚尖朝向相同，落地脚可略为倾斜外侧，以达到线条更优美的效果。如图 3-60 所示。

⑤内勾式坐姿。在斜点式坐姿的基础上，双脚在脚踝部交叉之后斜放，感觉比较自然、舒适。如图 3-61 所示。

模块三
仪容仪表仪态礼仪与审美

图 3-60　　　　　　　　　　图 3-61

值得注意的是，若碰到低斜向内的椅子，例如扶手椅，女士可以适当调节脚和小腿的朝向，但仍要遵循防走光原则、优雅原则。如图 3-62 和图 3-63 所示。

图 3-62　　　　　　　　　　图 3-63

### 3. 男士坐姿

① 正坐式（分腿式坐姿）。上身挺直，坐正，双腿自然弯曲，小腿垂直于地面并略微分开，两手分别放在两膝上。如图 3-64 所示。

② 扶手式。坐在有扶手的宽大的椅子或沙发上时，入座后上体自然挺直，将两手分别搭在扶手上。如图 3-65 所示。

图 3-64

图 3-65

### 4. 坐姿禁忌

女性不雅坐姿容易造成"走光"失礼，男性松懈的坐姿常常给人猥琐之感，因此商务人员应注意以下坐姿禁忌。

① 入座后，忌弯腰驼背，东倒西歪，前俯后仰。

② 入座后，忌双腿不停地抖动，甚至鞋跟离开脚跟晃动。

③ 忌坐姿不符合环境要求。例如，求职面试或与领导、长辈谈话，不用重叠式坐姿。

④ 入座后忌脚尖相对，或双腿拉开呈"八"字形，也不能将脚伸得过远。

## 三、行姿礼仪

### 1. 基本要领

行姿的基本要领为：双目平视，收颔，表情自然平和；两肩平稳，双臂前后自然摆动，上身挺直，收腹立腰，重心稍向前倾。行姿是一种动态美，轻盈、稳健的行姿，反映出积极向上的精神状态。如图 3-66 和图 3-67 所示。

图 3-66

图 3-67

### 2. 行姿的注意事项与禁忌

行姿的注意事项为：行进的速度应当保持均匀、平稳；步幅不宜过大，也不宜过小，男士应在 50 厘米左右，女士应在 30 厘米左右；男士在行走时，双脚踩出的应是两条平行线；女士在行走时，两脚的脚后跟尽可能踩在同一条线上；多人一起行走时不要排成横队，要尽量靠右行走，以便有急事的人从左边超过。

行走时忌摇头晃脑，弯腰驼背，歪肩晃膀，左顾右盼；行走时忌内八字和外八字步伐，不可脚蹭地面，发出声响；行走时忌大甩手，扭腰摆臀；行走时，切忌把手插在衣裤口袋里,更不要把手背在体后;多人一起行走时,忌勾肩搭背,边走边说;穿礼服、裙子或旗袍行走时,要轻盈优美,忌跨大步。

## 四、蹲姿礼仪

### 1. 蹲姿的基本要求

① 下蹲时,应使头、胸、膝关节在一个角度上,使蹲姿优美。

② 下蹲时,应自然、得体、大方,两腿合力支撑身体,避免倾倒。

③ 女士无论采用哪种蹲姿,都要将腿靠紧,臀部向下。

### 2. 常用的蹲姿

① 高低式。下蹲时,双脚不在一条直线上,且一只脚在前,一只脚在后,在前面的脚全着地,小腿基本上垂直于地面,在后面的脚,脚掌着地,脚跟提起。后膝低于前膝,头和腰保持一条直线,臀部向下。女士两腿应靠紧。

男士蹲姿如图3-68和图3-69所示,女士蹲姿如图3-70和图3-71所示。

图 3-68

图 3-69

模块三
仪容仪表仪态礼仪与审美

图 3-70　　　　　　　　图 3-71

② 交叉式。下蹲时右脚在前，左脚在后，右小腿垂直于地面，全脚着地。左膝后面伸向右侧，左脚跟抬起，脚掌着地。两腿靠紧，合力支撑身体。臀部向下，上身稍前倾。如图 3-72 所示。

蹲姿三要点：迅速、美观、大方。若用右手捡物品，可以先走到物品的左边，右脚向后退半步再蹲下来。脊背保持挺直，臀部一定要蹲下来，避免弯腰翘臀的姿势，手注意要遮挡裙沿，防止走光。

男士两腿间可留有适当的缝隙；女士则要两腿并紧，穿旗袍或短裙需要更加留意，以免尴尬。绝对不可采用"卫生间姿势"，这是最不得体的动作，如图 3-73 所示。

图 3-72　　　　　　　　图 3-73

## 五、鞠躬礼仪

鞠躬礼的基本要领：保持站立姿势，面带微笑，正视受礼者，头、颈、背成一线，以髋为轴心，慢慢向前倾斜一定角度，停留1～2秒后即起，复原鞠躬前状态。规范的鞠躬礼主要有：15°鞠躬礼、30°鞠躬礼和45°鞠躬礼。各种鞠躬礼的使用视不同场合和对象而定，同时鞠躬的幅度也视行礼者的尊重程度而定。如图3-74～图3-76所示。

图 3-74

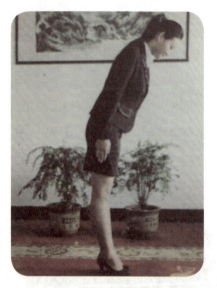

图 3-75

图 3-76

## 六、指示性手势礼仪

① 指示方向时，手掌应自然伸直，掌心向上面对宾客，手指自然并拢（女士五指并拢，男士拇指自然稍稍分开），手腕和小臂形成一条直线。

② 与人交谈时，手势不宜过多，动作幅度不宜过大，速度的快慢及时间的长短要根据场景来控制。

③ 手臂前伸时，上身鞠躬 5°～10°。

④ 常用的几种手势：

a. 横摆式。这种手势用来指引较近的方向。大臂自然垂直，小臂轻缓地向一旁摆出略微弯曲，与腰间呈 45°左右，另一手臂下垂或背在身后，面带微笑，双脚并拢或成右丁字步，同时加上礼貌用语，如"请""请进"等。如图 3-77 所示。

b. 曲臂式。这种手势常用于一只手扶门把手、电梯门，或拿东西，同时又要做出"请"的动作或指示方向。五指伸直并拢，从身体的一侧前方由下向上抬起，以肘关节为轴，手臂由体侧向体前摆动，摆到距身体 20 厘米处停住，掌心向上，手尖指向一方，头部随客人由右方转向左方。如图 3-78 所示。

c. 直臂式。这种手势用来指示或引领较远的方向。五指并拢伸直，手臂穿过腰间线，屈肘由身前向前方抬起，抬到约与肩同高时，再向要指示的方向伸出前臂，身体微微倾向指示方向。身体侧向宾客，眼睛要看着手指引的方向，同时加上礼貌用语，如"女士，请一直往前走""先生，里边请"等。如图 3-79 所示。

图 3-77

图 3-78

图 3-79

d. 双臂式。这种手势用来向众多来宾表示"请"的动作或指示方向。两手五指分别伸直并拢，掌心向上，从腹前抬起至上腹部处，双手一前一后同时向身体一侧摆动，

摆至身体的侧前方。肘关节略弯曲，上身稍向前倾，面带微笑，向客人致意。如图3-80和图3-81所示。

图3-80

图3-81

## 七、传递物品礼仪

### 1. 递物方法

① 递交文件或图书杂志。在工作和生活中，若向对方递交文件或图书杂志，应使文字正面朝向对方，不可倒置。如图3-82和图3-83所示。

图3-82

图3-83

## 模块三
### 仪容仪表仪态礼仪与审美

② 递交名片。双方相识以后,应互换名片。当下级给上级、晚辈给长辈递交时,一定要双手恭敬递上。递交时均应将名片的正面朝向对方,以方便对方观看。如图3-84所示。

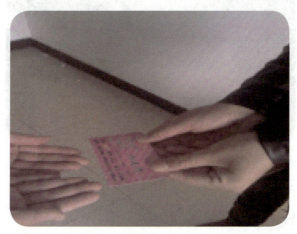

图 3-84

### 2. 递送茶杯

① 递送茶杯应左手托底,将茶杯把朝向客人的右手边,双手递上。如图3-85所示。

图 3-85

② 递送饮料、酒水或其他瓶装物品时,应将商标朝向客人,左手托底,右手握在距瓶口1/3处。如图3-86所示。

图 3-86

### 3. 递送尖利物品

① 递笔、刀剪之类的尖利物品时,需将尖头朝向自己,不要指向对方。如图 3-87 所示。

图 3-87

② 递送水果刀应双手托住刀身,刀刃朝向自己,或刀刃向下用手握住刀背,刀把朝向对方。如图 3-88 和图 3-89 所示。

模块三
仪容仪表仪态礼仪与审美

图 3-88

图 3-89

### 4. 接受奖品、奖状

双手接过奖状,行鞠躬礼后转过身体,面向台下,将奖状高举过头向大家展示,然后双手拿好贴在胸前。如图 3-90 所示。

图 3-90

**任务三**:每位同学进行站、走、坐、蹲、指示性手势、传递物品的训练。

65

## 模块四
## 交谈礼仪

❖ 项目一 掌握交谈的语言艺术
❖ 项目二 把握交谈的主题艺术
❖ 项目三 熟悉交谈的方式艺术

人与人在交往过程中，离不开交谈。交谈是人们彼此之间传递信息、增进了解、交流思想情感的重要形式。了解交谈礼仪，可以使人们之间的沟通交流更加顺畅有效。

一般而言，交谈具有下述五个特征：其一，内容多样。进行交谈，可以有一个主题，也可以自由漫谈，但任何交谈都应该有的放矢，使人有所获益。其二，双向沟通。交谈不能是单向的"一言堂"，各方都应该积极参与，达到互动，产生共鸣。其三，相互包容。在交谈中，每个人都应该有容人的雅量，不仅要自己说话，而且也要允许对方说话，求同存异。其四，随机应变。实际交谈可长可短，灵活多变，所以要求参与者临场发挥时见机行事，有所反应。其五，真实自然。交谈时，不能为了单方面追求效果而过度做作，或者巧言令色，甚至言而无信。

交谈礼仪主要包括交谈语言、交谈主题和交谈方式三个方面的规范。

## 项目一　掌握交谈的语言艺术

语言是人类最重要的交谈工具。俗话说"良言一句三冬暖，恶语伤人六月寒"，语言的表达形式不同，交谈效果也许大相径庭。交谈语言的总要求是：文明、礼貌、准确。

## 一、语言要文明

用语文明优雅是一个人学识教养的体现。在文明社会，尤其是我们现在身处知识经济时代，人际交往中用语的文明更为重要。下述语言不宜在交谈中采用。

① 脏话。讲起话来中带脏字，不仅不文明，而且还十分低级无聊，属于自我贬低。

② 粗话。把父母叫"老头儿""老太太"，把女孩子叫"小妞"，把名人叫"大咖"，把吃饭叫"撮一顿"，等等，有人会觉得这样可以显示自己为人粗犷，其实，讲这种粗话是有失身份的，特别是在正式场合讲类似粗话。

③ 黑话。黑话是指流行于黑社会的行话，例如，称上司为"老大"，这样显得俗气甚至匪气。

④ 荤话。时刻把绯闻、男女关系之事挂在口头，说话"带色"，只能证明说话者品位不高，而且对交谈对象也缺乏应有的尊重。

⑤ 怪话。有的人说起话来怪声怪气，或讥讽嘲弄，或怨天尤人，或耸人听闻，难以令人产生好感。

⑥ 气话。在交谈中，说话闹意气、发牢骚、泄私愤等，不仅无助于沟通，而且还容易伤害人、得罪人。

## 二、语言要礼貌

在交谈中注意使用礼貌用语，这是尊重他人、博得他人好感的简单易行的做法。常用的礼貌用语有"五句十字"，具体是指问候语"您好"、请托语"请"、致谢语"谢谢"、道歉语"对不起"、道别语"再见"。

在人际交往中，人们还经常用敬语谦辞来表达谦虚恭敬之意，例如，"令尊""令郎"等敬语用于尊称对方家人，而"家父""小儿"等谦辞用于称呼自己家人。常用的敬语谦辞还有：初次见面说"久仰"，很久不见说"久违"，请人批评说"指教"，征求意见说"请教"，请人指点说"赐教"，请人解答说"请问"，赞人见解说"高见"，求人原谅说"包涵"，麻烦别人说"打扰"，求给方便说"借光"，托人办事说"拜托"，看望别人说"拜访"，等候客人说"恭候"，宾客到来说"光临"，陪伴客人说"奉陪"，中途离开说"失陪"，与主人道别说"告辞"，请人勿送说"留步"，欢迎再来说"光顾"，归还东西说"奉还"。

## 三、语言要准确

交谈中的语言要准确，以利于彼此之间的沟通。要做到语言准确，需要注意以下6个方面的问题。

① 发音准确。在交谈中要求发音准确，其含义有三：一是发音要标准，不要读错音、念错字；二是发音要清晰，让人听清楚，不要口齿不清；三是音量要适中，音量过小会让人听着费劲，音量过大则会让人听着不舒服。

② 语调柔和。语调是口语表达的重要手段，它能很好地辅助语言表情达意。同样一句话，由于语调的轻重、高低长短、急缓等不同变化，在不同的语境里可以表达出不同的思想感情。社交场合中的交谈应该尽可能使声音听起来柔和些，避免粗糙尖硬的讲话风格，要以理服人，而不是以声、以势压人。

③ 语速适度。说话时的速度应该快慢适中，语速过快或过慢，都会影响交谈效果。

④ 口气谦和。在交谈中说话的口气一定要平等待人、亲切谦和，不宜居高临下、随便教训别人、令人难堪，甚至伤及他人自尊心。

⑤ 内容简明。交谈时应该力求言简意赅，不要短话长说，或者没话找话、任意发挥，让人听起来不明不白，感觉无趣。

⑥ 顾及他人。俗话说"说者无意，听者有心"，在交谈中说话要顾及他人的情感。比如同学聊天，若在场者有一人不懂当地方言，就不要用方言讲话，以免其有被冷落的感觉。又如国内普通性质的交谈，大家都应当说中文，不要使用外语，否则会有卖弄的嫌疑。

##  项目二　把握交谈的主题艺术

交谈的主题，又叫交谈的话题，是指交谈的中心内容。普通场合，交谈的主题可以不定，但在某一特定时刻，主题宜少不宜多，最好只有一个。话题少而集中，有助于交谈的顺利进行。

### 一、宜选的主题

在交谈中，以下 5 类主题适宜选择。

① 既定主题。正式场合，如果已约定了主题，则各方均应围绕既定主题展开交谈，切忌在交谈过程中随意切换主题，将其他无关主题带入交谈中。

② 高雅主题。所谓高雅主题，是指内容文明、格调高尚的话题，例如，文学、艺术、建筑、哲学、历史等，都属于高雅的主题。此类主题适合于各种交谈，但要求考虑交谈的对象，忌讳不懂装懂，或者班门弄斧。

③ 轻松主题。天气状况、美食营养、电影电视、体育比赛、休闲娱乐、风土人情等，都属于轻松的话题，此类话题谈论起来令人轻松愉快、饶有情趣，而且各类人群都有很高的参与度。轻松主题适合于非正式交谈。

④ 时尚主题。所谓时尚主题，是指以此时、此地正在流行的事物作为谈论的中心。以 2016 年为例，支付宝开展"春晚"集五福活动，上海迪士尼主题乐园开园等，都属于当时国内时尚主题。时尚主题适合于各种交谈，但其有变换较快的特点。

⑤ 擅长主题。擅长主题是指交谈双方，尤其是交谈对象比较有研究、有可谈之处的话题。例如，与医生交谈，宜谈祛病健康；与运动员交谈，宜谈健身锻炼；与厨师交谈，

宜谈美食烹饪，等等。此类主题适合于各种交谈，但忌讳以己之长对人之短。

## 二、忌谈的主题

在各种交谈中，以下 5 类主题不应涉及。

① 个人隐私。随着社会的不断进步，人际交往中人们越来越尊重个人隐私。在交谈中凡涉及个人隐私的问题均应回避，例如，不询问女士的年龄、婚姻状况，不径直询问对方的履历、工资收入、家庭财产等。

② 说长道短。与人交谈时，不说他人坏话，也不传闲话，俗话说"来说是非者，必是是非人"。富兰克林在谈到他成功的秘诀时曾说："我不说任何人的坏话，我只说我知道的每个人的长处。"

③ 社交场合不以荒诞离奇、耸人听闻、黄色淫秽的内容为话题，也不开低级庸俗的玩笑，更不能嘲弄他人的生理缺陷，那样只会证明自己的格调不高。

④ 在涉外场合，一般不要谈论当事国的政治问题，也不应随便议论他人的宗教信仰，对某些风俗习惯、个人爱好也不要妄加非议。

⑤ 在交谈中因为不慎，谈及的话题令交谈对象感到伤感、不愉快，或者对方不感兴趣，应立即转移话题，必要时还应该向对方道歉。

# 项目三　熟悉交谈的方式艺术

为了交谈顺畅，使交谈达到沟通交流的目的，具体的交谈方式需要有一定"艺术"感，这样才能成功地营造出一种相谈甚欢的交谈范围。有一些具体的方式可以运用。

## 一、双向共感

交谈，究其实质是一种合作。因此在交谈中，不可一味宣泄个人情感，而不去考虑交谈对象的反应。

"双向"指的是在交谈中要注意双向交流，而且在可能的前提下，尽量使交谈围绕交谈对象进行。"共感"要求谈论的中心内容应使各方都感兴趣，并能够积极地参与。"双

向共感"是交谈取得成功的关键。

## 二、注意倾听

有人总是认为能说会道的人才是善于交际的人,其实,善于倾听的人才是真正会交际的人。静心倾听,是对他人的一种尊重和一种理解。在倾听时应注意以下5个方面。

① 认真专注。在倾听时要目视对方,专心听对方说话,不要做无关的动作,如看表、弄指甲、打哈欠等。

② 动作配合。在倾听过程中要通过身体语言做出积极的配合,例如,赞成时可以点点头,感兴趣时可以展露一下笑容。

③ 语言合作。在对方说的过程中,可以用"嗯""是"等字,表示自己一直在认真倾听。在对方需要理解、支持时,还应该用"对""没错""我有同感"等话语加以呼应。

④ 提出问题。在自己讲话时,还可以适当根据对方发表的见解提出问题,或者引出新的问题,这样的具体做法会让对方知道,你一直在仔细听他说话,而且提问可使谈话更深入地进行下去。

⑤ 听懂弦外之音。一个聪明的倾听者,不能仅满足于表层的听知理解,还要从说话者的言语中听出言外之意,从语情语势中推断对方的真实意图,只有这样,才能真正达到交流、沟通的目的。

## 三、措辞委婉

在交谈中,在谈及可能会令对方尴尬、不快,甚至反感之事时应当善解人意,力求措辞含蓄、婉转、留有余地。例如,在用餐时要上厕所,可以说"我去一下洗手间""我需要出去一下"等。来访者停留时间过久而影响到本人,需要结束会面时,可以说"这次见面我很高兴,以后我们约时间再谈""您很忙,我就不再占用您的宝贵时间了"等。

措辞委婉可采用以下方式:第一,旁敲侧击;第二,比喻暗示;第三,间接提示;第四,先肯定,再否定;第五,多用设问句,不随便使用祈使句;第六,表达留有余地。

## 四、礼让对方

在交谈中,要尊重对方,争取以对方为中心,避免出现以下失礼于人的情况。

① 随意插嘴。出于对他人的尊重，尽量不要打断他人的讲话，不要突如其来、未经允许地插上一嘴。确实需要发表个人意见或进行补充时，应待对方把话讲完，或者得到对方首肯后再讲。

② 与人抬杠。一般性的交谈，应当允许言论自由、各抒己见、不下结论，重在活跃气氛、集思广益、取长补短。若有人自以为正确，喜欢与人争辩，得理不让人，导致交谈不欢而散，甚至大伤和气，这样显然有悖交谈目的。

③ 否定他人。"不纠正"是社交礼仪的一条重要原则。在交谈之中，要注意聆听他人的意见，求同存异。若对方所述无伤大雅、无关大是大非，一般不宜当面否定，免得让对方下不了台。

## 五、适可而止

与其他形式的社交活动一样，交谈也必定受制于时间。普通场合的小规模交谈，以半小时以内结束为宜，最长不要超过一个小时。交谈的时间一长，交谈所包含的信息与情趣难免会被"稀释"。即便是亲朋好友之间的交谈，酒逢知己千杯少，但实际上仍需要见好就收、适可而止，这样做不仅可使下次交谈还有话可说，而且还会使每次交谈都令人回味无穷。

# 模块五
# 会面礼仪

❖ 项目一　掌握称呼礼
❖ 项目二　掌握介绍礼
❖ 项目三　掌握名片设计和名片礼
❖ 项目四　掌握握手礼

一个人在现实社会中如想生存、发展，那么不管他愿意不愿意，都必须以各种形式与其他人交往。没有交往，就难以合作；没有合作，就难以生存、发展。学习会面礼仪的目的就是掌握人际交往中的基本言行举止规范，提高我们的人际交往能力，更好地与人相处。

会面礼仪中有一条非常重要的"3A原则"。"3A"指的是"Accept""Attach""Agree"。"3A原则"的含义，是要求人们在与其他人会面的过程中，要努力地以自身的实际行动，去接受（Accept）对方、重视（Attach）对方、赞同（Agree）对方。"接受对方"，指的是求同存异，容纳对方，不要见外排斥对方；"重视对方"，指的是使对方感受到被尊重，感受到自己在对方心目中十分重要，而非无足挂齿；"赞同对方"，则指的是善于发现对方的长处，善于发现彼此的共同点，并及时加以肯定，既不要自高自大，也不要曲意奉承。在人际交往中，务必将"3A原则"铭记在心，并以各种具体形式体现在人际交往过程中。

## 项目一　掌握称呼礼

称呼，通常指的是人们会面时所采用的彼此之间的称谓语。正确地称呼别人是最基本的交往礼仪，它是双方进一步交往的敲门砖。在交往中，双方见面时如何称呼对方，直接反映了双方之间的亲疏、了解程度、尊重与否及个人修养等。一个得体的称呼，会令对方如沐春风，好感顿生；反之，不恰当或者错误的称呼，可能会令对方心里不悦，影响彼此的关系乃至交际的成功。

根据社交礼仪的规范，选择正确、恰当的称呼，有三点应当注意：一是要合乎常规；二是要照顾习惯；三是要入乡随俗。与此同时，还应对生活中的称呼、工作中的称呼、称呼的禁忌等细心掌握，认真区别。

### 一、生活中的称呼

在日常生活中，称呼应当亲切、自然、准确、合理。

① 对亲属的称呼。亲属，即与本人直接或间接拥有血缘关系者。在日常生活中，

模块五
会面礼仪

对亲属均已有约定俗成、人所共知的称呼。例如，父亲的父亲称为"祖父"；姑、舅之子称为"表兄"或"表弟"；叔、伯之子称为"堂兄"或"堂弟"等。对待亲属的称呼，有时讲究亲切，并不一定非常标准。例如，女婿对岳父、岳母以"爸爸""妈妈"相称；对待比自己辈分低、年龄小的亲属，直呼其名，或者在其名字前加上"小"字相称，抑或使用其爱称、小名等。

② 对朋友、熟人的称呼。对朋友、熟人的称呼，既要亲切、友好，又要不失敬意。对任何朋友、熟人，都可以人称代词"你""您"相称。对长辈、平辈，可称其为"您"。对待晚辈，则可称为"你"。以"您"称呼他人，通常是为了表示自己的恭敬之意。在中国最常用的是姓名称呼。平辈的朋友、熟人，彼此之间均可以姓名相称。长辈对晚辈也可以这么做，但晚辈却不可如此。为了表示亲切，也可以免称其名，在姓前加上"老""大""小"字相称。例如，对年长于己者，可称呼"老刘""大刘"；对年幼于己者，可称呼"小刘"。关系较为亲密的朋友、熟人，为了表示亲近，可以不称其姓，而直呼其名，如称"许福平"为"福平"。在日常生活中，人们还常常使用类似血缘关系的称呼，以示亲切、信任，如"大爷""大妈""大哥"，或者"刘叔叔""李阿姨""张大姐"。

③ 对普通人的称呼。在现实生活中，对关系普通的交往对象，可酌情采取下列方法称呼：以"先生""女士""小姐""夫人""太太"相称；以其职务、职称相称；入乡随俗，采用对方能理解并接受的称呼相称。

## 二、职场中的称呼

职场上，人们彼此之间的称呼有其特殊性，总的要求是庄重、正式、规范。

① 职务性称呼。在工作中，以交往对象的职务相称，以示身份有别、敬意有加，这是一种最常见的称呼方法。例如，仅称职务，"经理""书记"，或者在职务前加上姓，"莫经理""温书记"。当然，在十分正式的场合，职务前需要加上姓名。

② 职称性称呼。对于具有技术职称者，尤其是具有高级、中级职称者，可以在工作中直接以其职称相称。例如，仅称职称，"教授""工程师"，或者在职称前加上姓，"刘教授""李工程师"。有时，这种称呼可加以约定俗成地简化，如将"李工程师"简称为"李工"。但使用简称应以不发生误会、歧义为限。在极其正式的场合，职称前也需要加上姓名。

③ 学衔性称呼。在工作中，以学衔作为称呼，可增加被称呼者的权威性，有助于增加现场的学术气氛。例如，仅称学衔，"博士"，或者在学衔前加上姓，"何博士"，或

者在学衔前加上姓名,"何强博士"。将学衔具体化,说明其所属学科,并在其后加上姓名,如"医学博士何强",此种称呼最为正式。

④ 行业性称呼。在工作中,有时可按行业进行称呼。对于从事某些特定行业的人,可直接称呼对方的职业。例如,仅称职业,"老师""医生",或者在职业前加上姓氏、姓名,"张老师""刘丽医生"。

⑤ 性别性称呼。对于在商界工作或从事服务行业的人,一般约定俗成地按性别的不同,分别称呼"小姐""女士"或"先生",如"刘女士""李先生"等。称未婚女性为"小姐",称已婚女性为"女士"。不过,现在"小姐"的称呼使用得太多,有一些歧义,因此在一些特定场合称呼时,要慎用或不用。

⑥ 姓名性称呼。在工作中称呼姓名,一般限于同事、熟人之间,具体方法有三种:直呼姓名;只呼其姓,在姓前加上"老""大""小"等前缀;只称其名,不呼其姓。第三种方法通常限于同性之间,尤其是上司称呼下级、长辈称呼晚辈,这种称呼显得既礼貌又亲切。亲友、同学、邻里之间,也可使用这种称呼。

## 三、称呼的禁忌

我们在使用称呼时,要注意避免出现以下几种失敬于人的情况。

① 错误的称呼。常见的错误称呼是误读或误会。误读是指念错姓名。为了避免这种情况的发生,就一定要事先有所准备,必要时应该虚心请教,不耻下问。误会,主要指对被称呼人的年纪、辈分、婚否以及与其他人的关系作出了错误的判断,例如,将未婚女性称为"夫人",这是比较典型的误会。

② 庸俗的称呼。在人际交往中,有些称呼在正式场合不宜使用,例如,"兄弟""哥们儿"等,这一类称呼带有明显的江湖气甚至黑社会人员的风格,显得庸俗低级。逢人便称"老板",也显得不伦不类。

③ 不当的行业称呼。一般来说,学生之间互称"同学",军人之间互称"战友",工人之间互称"师傅",如果为了表示亲近,以此去称呼"界外"人士,没准对方不领情,反而产生被贬低的感觉。

④ 称呼外号。对于关系一般者,不要自作主张给对方起外号,更不能随意称呼对方外号。至于一些对对方具有侮辱性质的绰号,例如,"秃子""四眼""菜鸟""傻大个"等,更应当免开尊口。还要注意,不要随便拿别人的姓名乱开玩笑。尊重一个人,首先学会尊重他的姓名。每一个正常人,都极为看重自己的姓名,而不容他人对此进行任何

形式的轻贱。

⑤ 过时的称呼。有些称呼，具有一定的时效性，一旦时过境迁，若再采用它，难免贻笑大方。例如，在我国古代，称官员为"老爷""大人"。改革开放之前，我国各行各业各阶层人士间均互称"同志"，若将它们全盘照搬进现代生活里来，就会显得滑稽可笑、不伦不类。

# 项目二　掌握介绍礼

介绍是人际交往中与他人进行沟通、增进了解、建立联系的一种最基本、最常规的方式。它是经过自己主动沟通或者通过第三者从中沟通，从而使交往双方相互认识、建立联系的一种社交方式。可以说，介绍是人们进行沟通的出发点。

根据介绍主体的不同，常用的介绍形式有自我介绍和第三者介绍两种。

## 一、自我介绍

自我介绍是指与人初次会面时，由自己担任介绍的主角，将自己介绍给其他交往对象，以使对方认识自己。自我介绍是向别人展示自己的一种重要社交方式，自我介绍得好不好，甚至直接关系到自己给其他人的第一印象的好坏，以及以后交往的顺利与否。同时，自我介绍也是认识自我的一种手段。

根据社交礼仪的具体规范，进行自我介绍，应注意自我介绍的场合、自我介绍的内容、自我介绍的分寸等方面的问题。

### 1. 自我介绍的场合

自我介绍的时机具体会涉及场合、当事人、现场气氛等多种因素，选择自我介绍的情况基本可归为三种：自己希望结识他人；他人希望结识自己；自己认为有必要令他人了解或认识自己。具体来说，下述情况，如有可能，都有必要进行适当的自我介绍。

① 在社交场合，与不相识者相处时。

② 在社交场合，有不相识者表现出对结识自己感兴趣时。

③ 在公共聚会上，与身边的陌生人共处时。

④ 在公共聚会上，打算介入陌生人组成的交际圈时。

⑤ 有求于人，而对方对自己不甚了解，或一无所知时。

⑥ 交往对象因为健忘而记不清楚自己，或担心这种情况有可能出现时。

⑦ 在出差、旅行途中，与他人不期而遇，并且有必要与之建立临时接触时。

⑧ 初次前往他人居所、单位，进行登门拜访，或者开展业务联系时。

⑨ 拜访熟人遇到不相识者挡驾，或者对方不在，需要请不相识者代为转告时。

⑩ 利用社交媒介，如电话、传真、信函等，与其他不相识者进行联络时。

⑪ 因业务需要，在公共场合，或者利用大众传媒，如报纸、广播、电视、网络、传单等，进行业务推广时。

⑫ 应聘求职时。

### 2. 自我介绍的内容

自我介绍的具体内容，必须兼顾实际需要、所处场景，应该具有鲜明的针对性，切不可"千人一面"，一概而论。

根据自我介绍时表述内容的不同，自我介绍可以分为下述 5 种具体模式。

① 应酬式。应酬式介绍又叫寒暄式介绍，主要适用于一般性的社交场合，如旅行途中、公共聚会上、宴请时等。此时与交往对象只是进行一般性接触、有距离的交往，对介绍者而言，对方属于泛泛之交。应酬式介绍的内容最为简洁，往往只包括姓名一项即可。

② 工作式。工作式介绍又叫公务式介绍，主要适用于工作之中，以工作为自我介绍的中心，因工作而交际，因工作而交友。工作式介绍的内容应当包括本人姓名、供职单位及其部门、担任职务或从事的具体工作三项，缺一不可。职场中的每一个人，都应当认真负责地对待自己的工作，因此，进行工作式介绍时，内容应该真实可信，切不可含糊其词。

③ 社交式。社交式介绍又叫交流式介绍，主要适用于社交活动，它是一种刻意寻求与交往对象进一步交流与沟通，希望对方认识自己、了解自己、与自己建立联系的自我介绍。社交式介绍的内容，大体包括介绍者姓名、工作、籍贯、学历、兴趣爱好以及与交往对象的共同熟人的关系等，内容上并非要面面俱到，应当根据具体情况而定。

④ 礼仪式。礼仪式介绍适用于讲座、报告、演出、仪式等一些正规而隆重的场合，它是一种意在表示对交往对象友好、恭敬的自我介绍。其内容包含姓名、单位、职务等，

同时还应当加入一些适宜的敬语、谦辞，以表示对交往对象的礼待。

⑤ 回答式。回答式介绍一般适用于应试、应聘和公务交往，在普通交际应酬场合也比较常见。其内容讲究一问一答，问什么答什么。

### 3. 自我介绍的分寸

在自我介绍时，还应该重视下述几方面的问题，以使自我介绍恰到好处，并不失分寸。

① 把握时机。自我介绍应在适当的时机进行，适当的时机包括：对方有兴趣时；对方有空闲时；对方情绪好时；对方干扰少时；对方有此要求时等。不适当的时机是指对方无兴趣、无要求、工作忙、干扰大、心情坏、休息用餐或正忙于私人交往之时。

② 注意时间。在初次见面作自我介绍时，指望交往对象仅凭自己的自我介绍就对自己"一目了然"是不现实的。因此，在自我介绍时一定要力求简洁，不能东拉西扯，信口开河，否则，对自己而言是失态，对对方而言是失敬。

③ 讲究态度。进行自我介绍时，态度要自然、友善、亲切、随和，使对方对自己产生好感，既不要瞻前顾后，显得小里小气，也不要矫揉造作，虚张声势。

④ 力求真实。自我介绍时表述的各项内容一定要实事求是，真实可信，没有必要过分谦虚，一味贬低自己去讨好别人，但也不可夸大其词，吹嘘弄假。

⑤ 辅助选择。在作自我介绍前，还可以递上本人的名片、介绍信等辅助工具来介绍自己。若使用了名片、介绍信，则其上的内容应尽量不予重复。进行自我介绍时还可以利用熟人关系来介绍自己。

## 二、第三者介绍

第三者介绍，又称他人介绍，是指经第三者为彼此不认识的双方引见、介绍的一种介绍方式。通常情况下，第三者介绍都是双向的，它需要将被介绍的双方均作一番介绍。有时也可进行单向介绍，即只将被介绍者中的某一方介绍给另一方，其前提是前者了解后者，而后者不了解前者。如图 5-1 所示。

在第三者介绍中，谁当介绍人是有一定的要求的。例如，家庭性聚会中，介绍人应当是女主人；社交场合，介绍人应当是东道主或长者；公务交往中，应选择公关、文秘、办公室主任或接待人员等专业人士来当介绍人；正式场合，介绍人应当是地位、身份较高者，或者主要负责人。介绍人应该熟悉双方情况，在为他人作介绍时，做到审时度势。

图 5-1

### 1. 介绍的顺序

为他人介绍时必须遵守"尊者有优先知情权"的原则。它的含义是：在为他人作介绍前，首先需要确定双方地位的尊卑，然后先介绍位卑者，后介绍位尊者，这样做可以使位尊者优先了解位卑者的情况，以便见机行事，在交际应酬中掌握主动权。

① 介绍长辈与晚辈认识时，应先把晚辈介绍给长辈。

② 介绍年长者与年幼者认识时，应先把年幼者介绍给年长者。

③ 介绍职位、身份高者与职位、身份低者认识时，应先把职位、身份低者介绍给职位、身份高者。

④ 介绍上级与下级认识时，应先把下级介绍给上级。

⑤ 介绍来宾与主人认识时，应先把主人介绍给来宾。

⑥ 介绍同事、朋友与家人认识时，应先把家人介绍给同事、朋友。

⑦ 介绍女士与男士认识时，应先把男士介绍给女士。

⑧ 介绍已婚者与未婚者认识时，应先把未婚者介绍给已婚者。

⑨ 介绍社交场合的先到者与后来者认识时，应先把后来者介绍给先到者。

### 2. 介绍的内容

根据实际需要的不同，为他人作介绍时的内容也会有所不同。一般地，有以下 6 种形式可供借鉴。

① 标准式。它适用于正式场合，其具体内容以双方的姓名、单位、职务等为主。例如："我来给两位介绍一下。这位是洋江公司公关部主任唐小姐，这位是欣海公司总经理汪先生。"

② 简介式。它适用于一般的社交场合，其具体内容通常只有双方姓名一项，甚至可以只提到双方姓氏为止。例如："我来介绍一下，这位是贺先生，这位是吕小姐，你们彼此认识一下吧。"

③ 强调式。它适用于各种交际场合，其具体内容除了被介绍人的姓名，往往还会刻意强调一下其中一位被介绍人，以便引起另一位被介绍人的重视。例如："这位是航洋公司的业务经理杨先生。这位是张某，是我的侄女，请杨经理多多关照。"

④ 引见式。它适用于普通的社交场合。作这种介绍时，介绍人只需要将被介绍人双方引导到一起，而不需要表达任何具有实质性的内容。例如："两位认识一下如何？大家其实都是校友，只不过以前不认识，现在请你们自报家门吧。"

⑤ 推荐式。它适用于比较正规的场合，多是介绍人有意要将某一位被介绍人举荐给另一位被介绍人，因此在内容方面，通常会对前者的优点加以重点介绍。例如："这位是周教授，这位是我们学院的张院长。周教授是教育部专家库的一名专家，曾应邀到我区多所高职院校作过专业设置指导。张院长，我想您一定乐于认识他吧？"

⑥ 礼仪式。它适用于正式场合，是一种最为正规的他人介绍，其内容略同于标准式，但语气、表达、称呼上都更为礼貌、谦恭。例如："卢先生，你好！请允许我把大鹏公司的销售部经理李刚先生介绍给你。李先生，这位就是新生集团的业务部经理卢明先生。"

### 3. 第三者介绍的应对

在进行第三者介绍时，介绍人与被介绍人都要注意自己的表达、态度与反应。

① 介绍人为被介绍人作介绍之前，应尽量征求一下被介绍人双方的意见，切勿开口即讲，让被介绍人感到措手不及。

② 被介绍人在介绍人询问自己是否有意认识某人时，一般不应拒绝，而应欣然接受。实在不愿意时，应说明缘由。

③ 在会议、谈判、宴会时，介绍人和被介绍人可不必起身，被介绍人双方点头微笑致意即可。若被介绍的双方相隔较远，中间又有障碍物，可相互挥手致意。

④ 介绍完毕后，被介绍人双方应依照合乎礼仪的顺序进行握手，并且彼此问候对方。

问候语有"你好""很高兴认识你""久仰大名""认识你非常荣幸""幸会幸会"等。必要时,还可作进一步的自我介绍。

任务一:

① 模拟办公室场景:你是交通银行的信用卡销售员,到景阳公司的人力资源部给该公司的职员推销信用卡,请问你会如何进行自我介绍?

② 模拟办公室场景:你是景阳公司的经理秘书小张,如何采用正确的方式把公司新报到的公关部李部长(女)介绍给你的上级周副总经理(男)?

## 项目三 掌握名片设计和名片礼

名片具有介绍自我、结交朋友、维持联系、介绍业务等重要作用,是当今社会通用的社交工具,在各种人际交往中使用十分普遍。不会使用名片的人,常常被视为不懂交际规则的人。要正确使用名片,有必要对名片的分类、名片的用途、名片的交换以及名片的存放四个方面的具体问题有所了解。

### 一、名片的分类

因名片的具体内容、用途各有不同,名片可分为应酬式名片、社交式名片、公务式名片、单位式名片四类。前三种,一般又称为个人名片。在正式场合,讲究面对不同的交往对象时使用不同的名片,因此,一个人有多种名片不足为怪。不分对象、不讲目的地滥用同一种名片,其实是不适宜的。

#### 1. 应酬式名片

应酬式名片,又称本名式名片,顾名思义,其内容通常只有个人姓名一项,亦可加上本人的籍贯与字号。此种名片适合在社交场合应付泛泛之交,拜会他人时说明身份,馈赠时替代礼单,以及用作便条或短信。

#### 2. 社交式名片

社交式名片主要适用于社交场合,是用以进行自我介绍与保持联络之用的个人名

片，其内容包括个人姓名和联络方式，联络方式一般不会印办公地址和电话，讲究的是公私分明。

### 3. 公务式名片

公务式名片通常指的是职场的业务交往中所使用的个人名片，它是目前最为常见的个人名片。标准的公务式名片应由归属单位、本人称呼、联络方式三项具体内容构成。归属单位由单位名称、组织标志、所在部门构成，本人称呼主要由本人姓名、职务、学术头衔三部分组成，联络方式包括单位地址、邮编、办公电话、传真等内容。如有必要，可在名片的另一面印上本单位的经营范围或所在方位图。

### 4. 单位式名片

单位式名片，又称企业名片，主要用于单位对外宣传、推广活动。它的内容主要包括以下两项：单位全称及其标志、单位的联络方式。

## 二、名片的用途

现代社会，名片是一种真正物有所值的实用型交际工具，其用途细数可有：自我介绍、结交朋友、维持联系、业务介绍、通知变更、拜会他人、简短留言、用作短信、用作礼单、替人介绍等。

## 三、名片的交换

### 1. 递送名片

① 把握递送名片的时机。当有以下需求时，应将自己的名片递送给对方，或者与对方交换名片：希望认识对方；表示自己重视对方；被介绍给对方；打算获得对方的名片；对方提议交换名片；对方向自己索要名片；初次登门拜访对方；通知对方自己的变更情况。

② 递送名片的顺序。递送名片时应讲究顺序：在了解对方身份的情况下，尊者优先；在不了解对方身份的情况下，近者优先，顺时针发放。

③ 递送名片要领。递送名片时应面带微笑，正视对方；拇指和食指捏住名片上端的两角；将名片的字面朝向对方，便于阅读；起身递送，送至对方胸前；可伴有敬语，如"请多多关照""今后保持联系"之类的客套话。递送名片时应该谦恭大方，礼貌敬人，如图5-2所示。

图 5-2

### 2. 收受名片

收受名片时应面带微笑，起身迎接；拇指和食指捏住名片下端的两角；接受名片表示谢意，并要认真阅读；如有疑问，要当即问明；有来有往，若无名片交换应致歉；收受的名片应妥当存放，以示尊重。

### 3. 名片的索取

一般而言，尽量不要轻易索取名片。如果需要索取名片，不宜采取过于直白的表达方式，而应采用以下方法。

① 交易法。主动递上自己的名片，这是最省事的索取他人名片的方法。古人有言："将欲取之，必先予之。"此法一般可表述为："王经理，您好！非常高兴认识您，这是我的名片，请多指教。"

② 明示法。明确表示索要或交换名片之意，在一些场合，这种方法往往行之有效。此法一般可表述为："王经理，非常高兴能认识您。不知能否有幸与您交换一下名片？"

③ 谦恭法。在向尊长索取名片时，要先做必要的铺垫。此法一般可表述为："王教授，能认识您非常高兴！我入行已经有四五年了，久仰您的大名，希望以后能够有机会继续向您请教，不知以后如何向您请教比较方便？"

④ 联络法。在向平辈或晚辈索要名片时，可询问对方："王先生，认识你很高兴！不知以后怎样与你保持联系？"

## 四、名片的存放

收到他人的名片后，应及时对名片加以整理收藏，以便今后利用。不要将它随意夹在书刊、材料里，压在玻璃下，或者扔在抽屉里面。

存放名片的方法大体有5种，通常这些方法可以交叉使用。

① 按姓名的汉语拼音字母顺序来分类。

② 按姓名的汉字笔画多少来分类。

③ 按专业或部门来分类。

④ 按国别或地区来分类。

⑤ 根据名片在手机、电脑等电子设备中建立电子版本的通信录。

#  项目四　掌握握手礼

在人际交往中，人们在会面时常常需要在适当时刻与交往对象相互行礼，以示自己对对方的尊重、友好、关心。其中，握手就是人们经常采用的一种会面礼节，如图5-3所示。

图5-3

学习握手礼,应注意的重要问题有握手的时机、握手的顺序、握手的方法、握手的禁忌等。

## 一、握手的时机

行握手礼的时机,与交往双方的关系、现场的气氛以及当事人个人的心情等多种因素有关。一般情况下,像以下这样的时刻,有必要与交往对象互行握手礼。

① 遇到较长时间未曾谋面的熟人,应与其握手,以示久别重逢的欣喜。

② 在比较正式的场合同相识之人道别,应与其握手,以示自己的惜别之意和希望对方珍重之心。

③ 在家中、办公室里以及其他以本人作为东道主的社交场合,迎接或送别来访者时,应与对方握手,以示欢迎或欢送。

④ 拜访他人,在辞行之时,应与对方握手,以示感谢和再会之情。

⑤ 被介绍给不相识者时,应与之握手,以示自己乐于结识对方。

⑥ 在社交场合,偶遇同事、同学、朋友或其他熟人时,应与其握手,以示高兴与问候。

⑦ 在他人给予自己一定的支持、鼓励或帮助时,应与其握手,以示感激之心。

⑧ 向他人表示恭喜、祝贺之时,如祝贺结婚、生子、乔迁、晋升或获得荣誉,应与其握手,以示贺喜之意。

⑨ 他人向自己表示恭喜、祝贺之时,应与其握手,以示谢意。

⑩ 向他人表示理解、支持、肯定时,应与其握手,以示真心实意,全心全意。

⑪ 应邀参与社交活动,如宴会、舞会、沙龙、生日晚会之后,应与主人握手,以示谢意。

⑫ 得悉他人患病、失恋、降职或遭受其他挫折时,应与其握手,以示慰问。

⑬ 他人向自己赠送礼品或颁发奖品时,应与其握手,以示感谢。

⑭ 向他人赠送礼品或颁发奖品时,应与其握手,以示郑重其事。

## 二、握手的顺序

根据社交礼仪的规范,握手时应遵守"尊者决定"的原则,即把双方是否握手的主动权交给尊者,由位尊者一方决定是否有握手的必要,而位卑者不可贸然抢先伸手。如图5-4所示。

模块五
会面礼仪

图 5-4

握手时特殊情况的规范有以下几点。

① 一个人需要与多人握手时，应讲究先后次序，由尊而卑依次进行，或者由近而远并顺时针方向进行。

② 在公务场合，握手时伸手的次序取决于职位、身份；在社交、休闲场合，则主要取决于年纪、性别、婚否。

③ 在交际应酬中，当客人抵达时，应由主人首先伸出手来与客人相握，表示欢迎；在客人告辞时，应由客人首先伸出手来与主人相握，表示感谢。

应当强调的是：上述握手时的先后次序可用来律己，却不必处处苛求于人。当自己处于尊者之位，而位卑者抢先伸手要来相握时，最得体的做法，还是要积极与其配合，立即伸出自己的手，此时不可过分拘泥于礼仪，使对方进退两难。

## 三、握手的方法

握手时姿势要自然。行礼者双方都应起身站立，双腿立正，上身略前倾，右手向前下方伸出，手掌与地面垂直，五指中的拇指适当张开，另四指并拢，如图 5-5 所示。

握手双方彼此之间的距离以 80 厘米左右为宜。握手时，双方均应主动向对方靠拢。若双方距离过小或过大，会让人感觉一方有意讨好或冷落另一方。

与人握手时神情需专注。双目注视对方，面含笑意，并作适当问候。为了表示热情

友好，握手时应当稍许用力，以显示出自信、诚恳。与亲朋旧友握手时，所用的力量可以稍为大一些，而在与初相识者以及异性握手时，则应注意力度。

与人握手的时间一般以 1～3 秒为宜，不要过短或过长。在某些特殊情况下，为了表情达意或配合拍照，握手的时间可以相对长一些。

图 5-5

## 四、握手的禁忌

在人际交往中，握手通常被用来传递多种信息，因此行握手礼时，应做到合乎规范，注意下述失礼的禁忌。

① 不要用左手与他人握手，尤其是在与阿拉伯人、印度人打交道时要牢记此点，因为在他们看来左手是不洁的。

② 不要在握手时争先恐后，而应遵守秩序，依次而行。在多人握手的时候，注意不要交叉握手。如在丹麦人面前交叉握手，会被看作是最无礼、最不吉利的事情。

③ 不要在握手时戴着墨镜或手套，只有患有眼病或眼部有缺陷的人方可例外。

④ 不要在握手时将另外一只手插在衣袋里。

⑤ 不要在握手时面无表情，不置一词，好像无视对方的存在，纯粹是为了应付。

⑥ 不要在握手时点头哈腰，长篇大论，滥用热情，显得过分客套。

⑦ 不要在握手时只递给对方一截冷冰冰的手指,根本不与对方的手相握,像是迫于无奈似的,人这种握手方式叫作"死鱼式握手",是失礼的做法。

⑧ 不要在握手时把对方的手拉过来、推过去,或者上下左右抖个没完。还需注意,不要在握手后拉着对方的手长时间不放。

⑨ 不要以不干净的手与他人相握。在此种情况下,应亮出手掌,向对方示意声明,并表示歉意。

## 五、其他常见的会面礼节

会面礼节除握手礼外,还有另外一些常见礼节,如点头礼、注目礼、举手礼、脱帽礼等。下面再介绍几种国内外常见的会面礼节。

### 1. 吻手礼

随着社会文明程度的不断提高,人们在生活、社交、商业服务中一些特定的场合需要有一些正统性质的礼节,例如吻手礼,如图5-6所示。

图 5-6

男士行至已婚女士面前,垂首立正致意,女方伸出手作下垂式,男方则可将其指尖轻轻提起,俯首用自己微闭的嘴唇,去象征性地轻吻一下其指背。

若女方身份地位较高,男方以一膝做半跪姿势,再提手吻之,然后以右手或双手捧

起女士的右手，亲吻。

### 2. 拱手礼

拱手礼是我国民间传统的会面礼节，适用的场合主要包括：重大节日如春节等，邻居、同事、朋友见面时，拱手为礼，以表祝愿；欢庆节日的团拜会上，大家欢聚一堂，拱手致意，互相祝愿；生日、婚礼、庆功等喜庆场合，来宾以拱手致意的方式向当事人祝贺；双方告别，以拱手礼互道珍重。如图5-7所示。拱手礼忌讳在正式场合或隆重场合使用。

图5-7

行拱手礼时，应起身站立，上身挺直，两臂如抱鼓前伸，双手在胸前抱举或叠合，自内而外，有节奏地晃动两三下。当对方拱手行礼时，受礼者也应以同样拱手礼表示友好。拱手致意时，通常还应口送寒暄语，例如："节日快乐""恭喜恭喜""久仰久仰""请多关照""后会有期"等。

### 3. 合十礼

合十礼，又称"合掌礼"，是流行于泰国、缅甸、老挝、柬埔寨、尼泊尔等佛教国家的见面拜礼。此拜礼源自印度，最初仅为佛教徒之间的拜礼，后来发展成全民性的会面礼节。

在泰国，行合十礼时，一般是两掌相合，十指伸直，举至胸前，身子略下躬，头微

模块五
会面礼仪

微下低，口念"萨瓦蒂"。"萨瓦蒂"系梵语，原意为如意。遇到不同身份的人，行此礼的姿势也有所不同。例如，晚辈遇见长辈行礼时，要双手高举至前额，两掌相合后需举至脸部，两拇指靠近鼻尖。男行礼人的头要微低，女行礼人除了头微低，还需要右脚向前跨一步，身体略躬。长辈还礼时，只需双手合十放在胸前即可。拜见国王或王室重要成员时，男女还均需跪下。国王等王室重要成员还礼时，只点头即可。无论地位多高的人，遇见僧人时都要向僧人行礼而僧人则不必还礼。

### 4. 拥抱礼

在西方，特别是欧美一些国家，拥抱是十分常见的见面礼与道别礼。拥抱礼是与握手礼一样重要的会面礼节。在人们表示欣喜、祝贺、慰问时，拥抱礼十分常用。各国政府首脑外交场合中也常常需要行拥抱礼。随着我国改革开放的深入发展，国际交往变得越来越普遍，我们有必要了解学习拥抱礼仪。如图5-8所示。

图5-8

拥抱的正确动作要领是：首先，两人在相距约20厘米处相对而立，左脚在前，右脚在后，重心放在左脚。其次，彼此都右臂偏上，左臂偏下，右手扶着对方的左后肩，左手扶着对方的右后腰。最后，各自都按自己的方位，两人头部及上身都向左相互拥抱，礼节性的拥抱可到此完毕。如果是为了表达较为亲近的情感，更为密切的关系，在保持原手位不变的情况下，双方还应接着向右拥抱，再次向左拥抱，才算礼毕。

需要强调的是,作为礼节性的拥抱,双方身体并不贴得很紧,拥抱时间也很短,更不能用嘴去亲对方的面颊。

任务二:

① 模拟办公室场景:A公司的总经理和秘书到B公司进行考察,接待人员为B公司总经理和秘书,模拟双方在B公司见面时介绍、握手、递名片的方式。

② 模拟在足球场、晚会、庙会见面时,普通朋友、亲密朋友、爱人见面分别采用什么方式打招呼比较合适。

## 模块六
## 接待和拜访礼仪

❖ 项目一　掌握接待礼仪与审美
❖ 项目二　掌握拜访礼仪与审美
❖ 项目三　掌握座次礼仪与审美

# 礼仪与审美

自古以来，大至国与国的出使交往，小到邻舍之间的相互邀约，都涉及如何接待及拜访的礼仪。如何彰显主人的热情得体，如何表现客人的谦和有礼，都有一定的礼仪可循。

当前，商务关系几乎成为全球主流关系，商务礼仪中的接待和拜访就不可避免地成为商贸日常事务中极其重要的商务事项，它能直接体现出个人或企业的商务职业素养，具有极强的代表性。接待和拜访礼仪也越来越成为各企业及企业人员评判商务对象的标准之一，同时也成为其最重视的商务礼仪事项之一。

## 项目一　掌握接待礼仪与审美

### 一、引导与陪同礼仪

#### 1. 常规行进

在商务活动中，需要陪同与引导来访宾客时，应注意引导手势、方位、速度及站位等。如双方并行时，陪同人员应走在客人的侧前方，处处以对方为中心，走路速度要考虑与对方协调，快慢适中；如遇到拐角、楼梯或道路坎坷、照明欠佳的地方，要提醒客人留意脚下；在陪同客人行走时，应稍微欠身，把头部和上身转向对方，并微笑和对方交谈或答复提问，以示礼貌。如图 6-1 所示。

图 6-1

## 模块六 接待和拜访礼仪

引导的技巧如图 6-2 所示。

① 引导客人方位或方向时，应精神饱满，面带微笑。

② 引导者事先说明目的地，手臂自然伸出，右手并拢、手心向上，指示前进的方向。

③ 站在宾客左侧引导前行，走在两三步前，配合对方的步调前进。

④ 伸出的手臂应是离客人距离较远的一边，注意手势的大小幅度。

图 6-2

### 2. 电梯通行引导

比客人先进入电梯，按住"开"的按钮后再请客人进入，出电梯时，按住"开"的按钮，请客人先出，如图 6-3 所示。

图 6-3

### 3. 走廊通行引导

引领时，接待人员走在前面，与客人的步伐要保持一致，尽量让客人走在路中央，并适时地向客人作简短介绍。

当遇到较为窄小的通道时，接待员应主动停下靠在一边，点头示意对方先通过，注意不要背朝对方。

#### 4. 办公室引导

① 如办公室有人，进门前应先敲门，获得允许后方可进入。

② 引导至目的地后，邀请客人坐上座。

③ 告知等候时间，并提供茶饮及阅读资料。

④ 起身送客时，应面带微笑，提前为客人开门，如出门有电梯，也应事先一步到达电梯边为客人按好电梯，注意在电梯门关闭前应始终目送客人，电梯门关闭后方可离开。

> **小贴士**
>
> 一般应陪同客人送至本公司楼下或者大门口，目送客人远去后方可离开。如果送客人乘车，陪同者应走至车前帮客人拉好车门等候客人上车，并挥手道别，目送车辆离去后方可离开。

#### 5. 楼梯道路引导

上下楼梯或者自动扶梯的时候，应坚持"右上右下"原则，应注意引导提醒，如遇到拐弯或者有台阶的地方应使用手势并礼貌提醒"请注意脚下""请注意台阶""这边请"等。

楼梯道路引导时，应注意以下方面。

上楼：引导者走在后方，客人走在楼梯里侧。引导者在中间，配合客人速度指引。

下楼：引导者走在客人前面，客人走在里侧。引导者在中间，下楼时要时刻注意客人的状态。

> **小提示**
>
> 一般而言，上下楼需单行行进，以前为上。
>
> 男女同行时，上下楼宜令女士居后。

## 二、办公室、会议室奉茶礼仪

我国历来就有"客来敬茶"的民俗，饮茶在我国，不仅是一种生活习惯，更是一种源远流长的文化传统。"以茶待客"不仅是我国最普及、最具平民性的日常生活礼仪，

模块六
接待和拜访礼仪

更是人们日常社交和家庭生活中普遍的往来礼仪，了解掌握好茶礼仪，不仅是对客人、朋友的尊重，也能体现自身的修养。

① 端茶时，要把茶放在茶盘里并端到茶几上。先把茶盘放在茶几上，再把茶双手端至客人面前。

② 面带微笑请客人喝茶，并礼貌邀请："请用茶！""这是您的茶，请慢用！"当客人说谢谢时，一定要说："不客气！"

③ 斟倒茶水以八分满为宜，水温不宜太烫，以免客人不小心被烫伤。

④ 如有茶点心，应放在客人的右前方，茶杯应摆在点心右边。

⑤ 上茶时应以右手端茶，从客人的右方奉上，并面带微笑，眼睛注视对方。

⑥ 喝茶的环境应该洁净、舒适。选茶可以因人而异，泡茶前可询问客人意见，随客人喜好选择不同的茶叶。

⑦ 茶具可精美可质朴，但不宜使用不卫生或者崩坏的茶具给客人泡茶。另外，壶中茶叶可反复浸泡 3～4 次，看到客人杯中茶饮尽，应立刻为其续茶，客人散去后，方可收茶。

## 三、宴请的礼仪

### 1. 宴请的分类

根据用餐的规模一般可分为以下 3 种。

（1）宴会

正式宴会：是一种比较正式、隆重的设宴招待，一般为正餐，对到场人数、穿着打扮、席位排列、菜肴数目、音乐演奏、宾主致词等要求最为严格。

非正式宴会：形式从简，常见的有午宴、晚宴，偏重于人际交往而不注重规模、档次。对穿着打扮、席位排列、菜肴数目不作过高要求，而且也不安排音乐演奏和宾主致词。此类宴会菜肴可丰可俭，自由、轻松、随便，可以自助餐的形式自由取餐，自由活动，显得随和亲切。

（2）家宴

家宴是一般为把客人请到家中招待的方式，一般主妇亲自下厨，家人和客人共进晚餐。家宴常采用自助餐的形式举行，席间制造亲切、友好、温馨、自然的气氛。

（3）便餐

便餐分早、中、晚餐，是现代国际交往中经常采用的一种宴请形式，礼仪讲究最少。有时由进餐者各自付费，可边吃边交流，是最轻松的进餐方式，只要讲究公德、注意卫

生和环境秩序即可。

### 2. 宴请的筹划与组织

宴请是一种社交、礼宾活动，请客方必须事先做出周密的筹划与安排，其工作主要有：

① 根据宴请目的，确定宴请的对象、范围和规格；

② 宴请日期应避免选在重大节日、假日，涉外宴请还要注意避开对方禁忌日；

③ 最好列出被邀请的宾客名单并及时发出正式请帖。

### 3. 宴请座次的安排

宴请座次礼仪是宴请中一个重要的组成部分，主要分为中式宴请座次和西式宴请座次，两种座次排序方式不一，但基本原则是相同的。

（1）中式座次礼仪

中式宴请均是在举办宴请之前，排定桌次和座次，或者是只排定主桌的座次，其他只是安排桌次。

中式宴请座次礼仪的原则是：正对大门为首席，以左为上座，以中央为上座，以内侧为上座，以近为高远为低。以离主位的距离来看，越靠近主位位置越尊，相同距离则主位右侧尊于左侧。

座次的排列如图6-4所示。

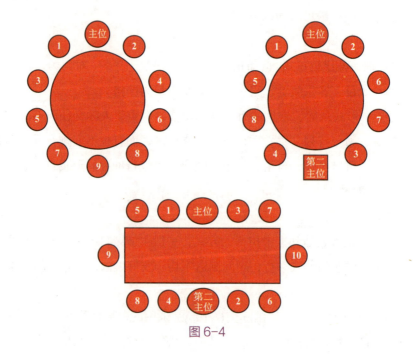

图6-4

桌次的排列如图 6-5 所示。

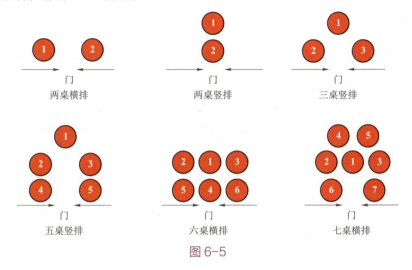

图 6-5

（2）西式座次礼仪

西式宴请座次也是根据餐桌安排的。西式宴会的餐桌习惯用长桌，也可根据人数多少、场地大小自行设置。西式宴会的座次排位讲究右高左低，同一桌上座位高低以距离主人座位远近而定。如图 6-6 所示。

如果男、女主人并肩坐于一桌，则男左女右，尊女主人坐于右侧；如果男、女主人各居一桌，则尊女主人坐于右桌。

如果男、女主人居于中央之席，面门而坐，则其右方之桌为尊，右手旁的客人为尊。

如果男、女主人一桌对坐，则女主人之右为首席，男主人之右为次席，女主人之左为第三席，男主人之左为第四席，其余位次依序而分。

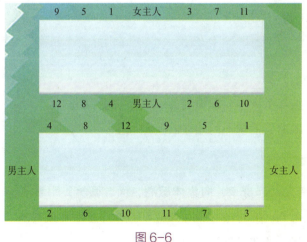

图 6-6

## 四、点菜的礼仪

宴请领导、同事、长辈或朋友一起吃饭，大多数人会遇到点菜问题。如何让身边的人满意是一门巧妙的学问。

如果时间允许，可以等到大多数客人到齐之后再请他们点菜。如果是公务宴请，必须事先多做功课，确定宴请的规格和目的，控制好预算，选择合适档次的请客地点。如果你是赴宴者，在点菜时避免太过主动，点菜时要做到心中有数，切忌点价格较高的菜品。

点菜时要注意以下原则。

① 主随客好：优先考虑有特色的菜肴，注意不同地域客人的饮食偏好，注意宗教的饮食禁忌。

② 搭配合理：主要看人员的组成，如果是男士较多需适当加量；女士则可适当增加素菜的比例；如果宴席中老人与小孩居多，当适量增加营养丰富及较为清淡的菜肴。

③ 营养平衡：菜肴组合要搭配均匀，有荤有素，有冷有热，尽量做到全面。

④ 量力而行：要分清宴请的规格，区分普通宴请和高级宴请，宴请价格尽量按照预算进行。

⑤ 点菜小窍门：看客人多不多，看看桌上的菜齐不齐；点菜避开同食者，不要当面讨价还价；档次的体现靠"质"，避免华而不实的菜肴，辨推荐菜肴的新鲜程度；冷菜、热菜、点心、汤、水果全套上。

## 五、敬酒的礼仪

### 1. 敬酒的顺序

一般情况下应按年龄大小、职位高低、宾主身份为序。

可按照餐桌上顺时针的统一的顺序。

### 2. 敬酒的举止

① 请客者应首先站起身来，向集体敬酒，面含微笑，手拿酒杯，面朝大家。当主人向集体敬酒、说祝酒词的时候，所有人应该一律停止用餐或喝酒。主人提议干杯的时候，所有人都要端起酒杯站起来，互相碰一碰。

## 模块六 接待和拜访礼仪

② 别人向你敬酒的时候，要手举酒杯到双眼高度，在对方说了祝酒词或"干杯"之后再喝。喝完后，还要手拿酒杯和对方对视一下，这一过程才结束。出于身体健康及礼貌考虑，切忌频繁向对方劝酒。

③ 主人向你敬酒干杯后，要回敬主人，和他再干一杯。回敬的时候，要右手拿着杯子，左手托底，和对方同时喝。干杯的时候，可以象征性地和对方轻碰一下酒杯，不要用力过猛，非听到响声不可。

出于敬重，可以使自己的酒杯较低于对方酒杯。如果和对方相距较远，可以以酒杯杯底轻碰桌面，表示碰杯。

# 项目二 掌握拜访礼仪与审美

我们通常说的拜访一般分为三类：事务性拜访、礼节性拜访和私人拜访。拜访是人们交流信息、统一意见、发展友情的良好渠道，不能只在有求于人的时候才想到拜访。拜访前应事先通过电话或信件预约，切忌搞"突然袭击"，让人措手不及。

拜访原则上应提前5分钟到达目的地，在因公事拜访时，最好避免周末或工作日的下班时间进行拜访。如需私人拜访，则避免午休、用餐或深夜时段拜访。

出门拜访之前，应根据拜访的场合选择着装，适当修饰自己的仪容仪表，传递出对拜访者的尊重，体现自身的修养礼仪。

不同场合拜访的礼仪规范如下。

### 1. 事务性拜访的礼仪

事务性拜访讲究时间性，拜访者的首要规则是准时。

到达目的地时，应主动问候并握手，告知对方你的单位、名字和职务，并递上名片，简单说明来意。

当需要等待时，应保持安静，不要东张西望、在中途打电话或者大声喧哗。

### 2. 私人拜访的礼仪

要守时守约，如遇特殊情况不能按时到达或临时取消拜访，一定要第一时间通知对方，并表示歉意。

到达目的地门口,应先礼貌敲门,等待回音。进门后,应将随身携带的物品如外套、包、雨具等放到主人指定的地方,不要随意乱放。获得主人让座之后要表示谢意。未经允许不能随便出入主人的房间,更不要随便翻阅主人的东西。跟主人谈话应客气礼貌,注意掌握时间。当拜访结束起身告辞时,要向主人表示"打扰了""请留步"等,不要不辞而别。

### 3. 不同场合的赠送礼仪

俗话说得好:"有朋自远方来不亦乐乎?"在特定的场合我们一般都会选择一些小礼品来馈赠,以表示我们的友情,正所谓"礼轻情意重"。馈赠的效果不仅受馈赠礼物和馈赠方式的影响,适宜的礼仪也会增加礼物的价值,而不适宜的馈赠礼仪则会有损礼物的价值。下面我们就来了解不同场合的馈赠礼仪。

## 一、家庭的礼品定位

家庭拜访时,一般比较注重送些健康、实用的东西,如茶叶、地方特产、健康礼品等,表达对拜访对象的尊重,体现用心。需要注意的是:尽量不要送太实用的日用产品,如不为异性送贴身用品;无论礼品贵贱都要事先撕掉标签;如送有保质期的物品,要注意保质期限。

## 二、商务场合的礼品定位

商务场合属于公共且严肃的场合,礼物不可送得太招摇或随便。商务交往中礼品应突出其宣传性、纪念性和独特性,如公司的主打产品,有纪念意义的办公用品、水墨画或瓷器等。公务交往中,切忌送现金和有价证券等,不送价格过高的奢侈品,不送烟酒等不利于健康之物,不送有违反国家法律法规之物。

## 三、探望病人时的礼品定位

探望病人时,礼品定位比较讲究。由于病人身体原因,探望前应事先了解病人的病情及需要回避的事情,事先了解病人能吃什么,喜欢吃什么,要选择能使病人保持愉快而乐观情绪的礼品,祝福病人早日康复。病房探病可赠送鲜花、书籍,送水果最好是那些方便取食的,如苹果、香蕉等,另外也要根据病情选择合适的水果。如果送花,不要送气味浓烈的花,可以送些带有吉祥或祝福含义的花。如兰花,代表品质高洁,

模块六
接待和拜访礼仪

又有"花中君子"之美称,送给德高望重的前辈就很合适。又如郁金香、兰花、水仙、马蹄莲等,都是容易让人心情变好的花种。送花的时候不要送菊花,因为那通常是扫墓用的;也不要送整盆或带根的花,因为那容易让人联想到"病根""久病不愈"等字眼。

## 四、婚礼礼品的定位

新人结婚时,送礼也有不同的方式。比如就送礼者而言,可以是一人送出的,可以是联名送出的;就接受者而言,可以是新郎新娘某一方,也可以是两人。在送礼之前,必先对新人的个性、教育程度、风俗习惯、经济状况等加以了解分析,再选择送礼的方式,才不会失礼。一般在婚礼中可送给新人礼金、漂亮的瓷器、小家电用品、新婚工艺对偶摆件等。切忌不要送剪刀,有一刀两断的意思;不要送雨伞,有散的意思;梨有"离"的谐音,若送出会让新人感到不愉快。

# 项目三 掌握座次礼仪与审美

## 一、乘车座次礼仪

商务接待的工作,是公司与客户沟通的"桥梁",代表一个公司的文明形象,所以接待人员必须掌握商务场合中接待的各种礼仪规范。商务接待乘车礼仪是商务接待中重要的一个环节,座次的完美安排则是对客户尊重的体现。商务乘车座次的安排根据车辆的不同,座次的尊卑不同;根据驾车人的不同,座位的尊卑也不同。下面介绍商务接待乘车座次礼仪。

### 1. 双排五座车

根据驾车者的不同确定座位的尊卑座次,如图6-7所示。

图 6-7

### 2. 三排七人座轿车

根据驾车者的不同确定座位的尊卑座次，如图 6-8 所示。

图 6-8

> **注意**
>
> 　　乘坐主人驾驶的轿车时，不能令前排空着，一定要有一个人坐在那里以示相伴。由先生驾驶自己的轿车时，夫人一般坐在副驾驶位置上。
> 　　由主人驾车送友人夫妇回家时，友人之中的男士，一定要坐在副驾驶座上与主人相伴，不宜形影不离地与其夫人坐在后排。

### 3. 吉普轻型越野车

座次由尊而卑依次是：副驾驶座，后排右座，后排左座，如图6-9所示。

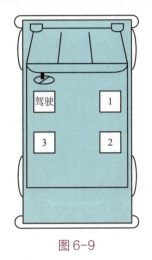

图6-9

### 4. 多排大中型汽车

无论由何人驾驶，均以前排为上座，以后排为末座；以右为尊，以左为卑；以距离前门的远近来排定其具体座次的尊卑。如图6-10所示。

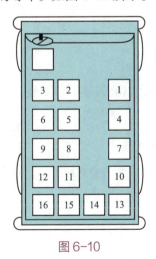

图6-10

### 5. 火车、公共汽车、地铁

基本的规则是：临窗的座位为上座，临近通道的座位为下座。与车辆行驶方向相同的座位为上座，与车辆行驶方向相反的座位为下座。

在有些车辆上，乘客的座位分列于车厢两侧，乘客对面而坐。在这种情况下，应以

面对车门一侧的座位为上座，以背对车门一侧的座位为下座。

## 二、会议座次礼仪

会议座次的安排通常分为两种：方桌会议和圆桌会议。

方桌会议中，要特别注意座次的安排，领导位一般是在靠会议室最里的长方桌短边处。如以门为参照，在里侧的是主宾位。如有主客双方来参加的会议，一般分为两侧来就座，主人位在会议桌的右边，客人位在会议桌的左边。

> **注 意**
>
> 领导者或主持人要坐在最显眼位置，且其位置要容易使用黑板、电脑和投影仪等。

负责会议记录的人一般坐在发言者的正前方，以便观察记录内容。

列席人员不是会议的正式人员，一般坐在会议正式人员的后方。

重要会议需要预先摆放座位卡或姓名卡，并根据职位高低或上司意图准确放置到位。

社交场合具体排列座次的五大技巧：面门为上、居中为上、以右为上、前排为上、以远为上（离门越远位置越高）。

### 会议主席台座次的安排

主席台必须排座次、放名签，以便领导对号入座，避免上台之后互相谦让。遵循左为上、右为下的原则。

主席台座次安排如图 6-11 所示。

- 主席台人数为奇数时：

　　7　5　3　1　2　4　6

- 主席台人数为偶数时：

　　6　4　2　1　3　5

图 6-11

任务一：A 公司人员到 B 公司进行洽谈，B 公司在二楼，需要乘坐电梯。请以小组为单位，模拟 A 公司人员到 B 公司如何乘车，到达 B 公司时，B 公司人员如何引导 A 公司人员，到会议室进行正确的就座并奉茶讨论工作事项。

# 模块七
# 通信礼仪

❖ 项目一　掌握电话礼仪
❖ 项目二　掌握网络通信礼仪

随着科技的进步，电话、手机、微信、QQ即时聊天工具已经成为人们日常使用频繁的沟通交流工具。通信礼仪，指的是利用上述通信工具交流时所应遵循的礼仪规范。而通过电话、网络交流是一门艺术，以下将着重介绍其基本礼仪。

# 项目一　掌握电话礼仪

## 一、拨打电话的礼仪

拨打电话者必须对所拨打的每一通电话有一个认真、负责的态度。在拨打电话前，应先排除杂音，准备纸和笔，把所要表达的内容准备好，或先列出几条在纸上，以免对方接电话后，自己由于紧张或兴奋忘了讲话内容。如要跟领导汇报工作情况，语言应尽量精练，表达要到位，不可语无伦次或因表达啰唆造成对方反感。在电话沟通时应面带微笑，切忌一边吃东西一边讲话，要注意语气的变化，态度要真诚。

拨打电话的步骤如下。

① 事先整理通话内容，准备好纸笔后拨打电话。

② 确认对方是否是需要找的人，如"您好，请问您是×××吗？"

③ 做简短的自我介绍，如"我是××公司/单位的×××。"

④ 寒暄问候，然后说明去电目的。

⑤ 倾听对方意见或反馈，期间最好不要打断对方。

⑥ 再次重复通话重点，给对方加深通话内容的印象。

⑦ 礼貌道别，让长辈、上司、客户先挂电话以示礼貌。

## 二、接听电话的礼仪

由于电话具有收费、容易占线等特性，因此，无论是打出电话或是接听电话，交谈都要长话短说，简而言之，除了必要的寒暄与客套，一定要少说与业务无关的话题，也不要一问三不知或者推诿给其他部门，杜绝电话长时间占线的现象存在。

接听电话的步骤如下。

① 电话铃响 3 声或 10 秒内必须接听。

② 接电话时应主动问好并自报家门。如遇到对方拨错电话时，应避免斥责，礼貌告知对方拨错电话。

③ 确认对方单位及姓名，如叫人接电话时，应说"请稍等"后用手盖住话筒，以免话筒进入不该听的谈话内容。

④ 左手持听筒，方便腾出右手记录重要信息。

⑤ 商谈重点事项，谈话有效率，不拖沓。

⑥ 礼貌道别。

## 三、代接电话的礼仪

① 来电找的人不在时，告诉对方不在的理由，如出差等。若对方问什么时间回来，接电话者应尽量告之具体时间。

② 礼仪地询问对方的工作单位、姓名和职位，主动询问对方是否留言，如留言，应详细记录并予以确定，并表示会尽快转达。

③ 如果对方不留言，则挂断电话。记住：等对方挂后再挂。

④ 接到抱怨或投诉电话时，要有涵养，不与对方争执，并表示尽快处理。如不是本部门的责任，应把电话转给相关部门或人员，或告诉来电者该找哪个部门，找谁和怎么找。

⑤ 来电找的同事正在接电话时，告诉对方他所找的人正在接电话，主动询问对方是留言还是等一会儿。如果留言，则记录对方的留言、单位、姓名和联系方式；如果只是等一会儿，则将电话筒轻轻放下，通知被找的人接电话。如果被叫人正在接一个重要电话，一时难以结束，则请对方过一会儿再来电话，或者留下回电号码，切忌让对方莫名久等。

## 四、使用手机的礼仪

现今社会，手机已经成为沟通交流必不可少的工具，但是你知道使用手机有哪些礼仪吗？

① 手机未使用时，放在合乎礼仪的位置。

放手机的常规位置是随身携带的公文包里，有时候，也可以放在不起眼的地方，不要摆放在桌子显眼处，特别是在和客户交谈时。放手机的常规位置有：

a. 随身携带的公文包里，这种位置最正规。

b. 放在上衣的内袋里，也可以放在不起眼的地方，如手边、背后、手袋里，但不要

放在桌子上,特别是不要对着对面正在聊天的客户。

3)女士则要注意,手机就算再好看和小巧,也别把它挂在脖子上。

② 会议或者与别人洽谈时,手机应关机或调为振动状态。这样既显示出对别人的尊重,又不会打断发言者的思路。不要在别人能注视到你的时候查看短信,一边和别人说话,一边查看手机短信,是对别人的不尊重。

③ 不要在洽谈中、开车时、飞机上、剧场里、加油站、图书馆和医院里接打手机,就是在公共汽车上大声地接打电话也是有失礼貌的。

④ 在与别人谈话时,如有必接的重要来电,应告知对方,并表示歉意。如"不好意思,我接个电话",入座后,应再次表示歉意,并继续话题。

⑤ 在拨打电话前,首先应该考虑的是对方现在是否方便接听。不论在什么情况下,是否通话都由对方来定为好,所以"现在方便接听电话吗?"是必不可少的。若无紧急情况,打电话的时间,白天应在上午8点以后(假期是在上午9点以后),夜间应在21点以前,以免打扰他人休息。尽量不要在午休时间打电话。与外商通电话时,须顾及对方作息时间的特点。打电话到海外,还应该考虑时差。

任务二:分别模拟场景展示接电话礼仪、拨电话礼仪、转接电话礼仪、转达电话礼仪、发短信通知礼仪。

##  项目二　掌握网络通信礼仪

### 一、电子邮件通信礼仪

① 邮件的标题。添加邮件标题是电子邮件和信笺的主要不同之处,邮件标题不要空白,要简短并概括出整个邮件的内容,便于收件人权衡邮件的轻重缓急,分别处理。切忌使用含义不清的标题,例如:"回复邮件"或者"×××收"。回复对方邮件时,应当根据回复内容需要更改标题,千万不可出现错别字和不通顺之处。

② 邮件中称呼与问候。邮件的开头要称呼收件人,这样既显得礼貌,也明确提醒某收件人,此邮件是发给他的,要求其给出必要的回应。如果对方有职务,应按职务尊

称对方,如"×经理"。如果不清楚职务,则应按通常的"×先生""×小姐"称呼。

③ 邮件的正文。邮件的正文要简明扼要,行文通顺,多用简单词汇和短句,准确清晰地表达,尽可能避免拼写错误和错别字,注意使用拼写检查。如果具体内容确实很多,正文应只作摘要介绍,然后单独写个文件作为附件进行详细描述,尽量一次邮件交代完整信息。邮件正文要根据收件人与自己的熟悉程度、等级关系选择恰当的语气进行论述,以免引起对方不适。尊重对方,请、谢谢之类的语句要经常出现。

④ 邮件的附件。如果邮件带有附件,应在正文里面提示收件人查看附件,附件文件应概括附件的内容,方便收件人下载后管理。附件数目过多时应打包压缩成一个文件,方便收件人接收。

⑤ 邮件的回复技巧。收到他人的重要电子邮件后,即刻回复对方"已收到",回复时间是 2 小时内。对于一些紧急重要的邮件一般回复不要超过 24 小时。如果事情复杂,你无法及时确切回复,应及时回复说"邮件已经收到,我们正在处理,一旦有结果就会及时回复",不要让对方苦苦等待。如果你正在出差或休假,应该设定自动回复功能,提示发件人,以免影响工作。除此之外,转发敏感或者机密信息要小心谨慎,如果有需要还应对转发邮件的内容进行修改和整理,以突出信息。不发送垃圾邮件或者附加特殊链接。

## 二、使用微信、QQ 等即时通信软件的礼仪

由于即时通讯软件的流行,人与人的沟通距离大大缩短了。当下最为普遍的即时通信软件为 QQ、微信、阿里旺旺和中国移动飞信等。即时通讯软件也不再像过去那样仅仅用于娱乐休闲,而是在日常工作以及商务往来上扮演着非常重要的角色。因此,学习一下使用即时通信软件的礼仪非常有必要。

① 在工作场合中使用 QQ、微信时,尽量避免过多寒暄、避免发送大量及数据很大的视频或文件。需要发送重要的文件时,不应该离线发送给对方,应通过邮件发送,以方便留存或日后查找存档。

② 需要通过即时软件跟对方讨论事情时,应先获得对方的允许,不要打扰忙碌的人。如果对方发信息过来,应及时查看并回复,不要设置自动回复。

③ 在公务 QQ 群、微信群等群聊时,应注意慎重发送内容,截图要谨慎使用,不要使用不当语言,不能发一些不健康的图像以表示娱乐,避免转发不实信息及具有煽动性的谣言。

## 模块八
## 求职礼仪

❖ 项目一　掌握面试服饰礼仪与审美
❖ 项目二　掌握求职应聘中的礼仪
❖ 项目三　掌握求职应聘后的礼仪

对于大多数大学生来说，当完成大学学业时最大的目标就是能找到一份理想的工作，顺利走上工作岗位。那么，如何能在优秀企业中脱颖而出，为自己赢得机会？这就需要我们注意运用求职礼仪的技巧，进而让面试官对自己过目不忘，留下良好的印象，以此得到公司的青睐。

## 项目一　掌握面试服饰礼仪与审美

### 一、女生面试服饰礼仪

女生面试服饰如图8-1所示。

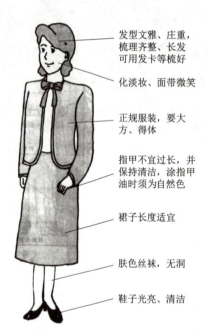
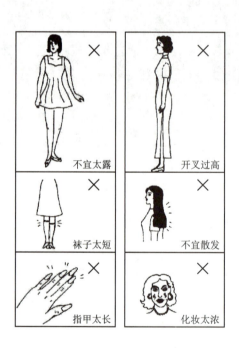

图 8-1

具体要求如下。

① 发型文雅、庄重，梳理整齐，长发不应披散，要用发夹夹好或束辫，不能染鲜艳的颜色。

## 模块八 求职礼仪

② 化淡妆，面带微笑；如果喷香水，应用香型清新、淡雅的。

③ 嘴巴、牙齿要清洁，无食品残留物。

④ 指甲不宜过长，并保持清洁。若涂指甲油，须为自然色。

⑤ 着正规套装，大方、得体；若穿裙子，长度要适宜。

⑥ 肤色丝袜，无破洞。

⑦ 鞋子光亮、清洁。

⑧ 全身3种颜色以内。

# 二、掌握男生面试服饰礼仪

男生面试服饰如图8-2所示。

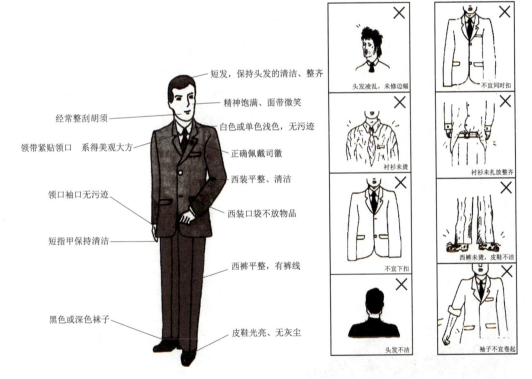

图8-2

具体要求如下：

① 短发，清洁、整齐，不要太新潮。

② 精神饱满，面带微笑。

③ 每天刮胡须，饭后洁牙。

④ 短指甲，保持清洁，定期修剪。

⑤ 领带紧贴领口，系得美观大方。

⑥ 西装平整、清洁；西裤平整，有裤线。

⑦ 西装口袋不放物品。

⑧ 白色或单色衬衫，领口、袖口无污迹。

⑨ 皮鞋光亮，深色袜子。

⑩ 全身3种颜色以内。

## 三、熟悉服饰传达的信息

① 谨慎大方、精明能干、办事认真可靠；得体的服饰有助于你在心理上产生初步的自信；服饰的选择无一定之规，应根据自己的身高、体形、气质全面考虑；女性以深色制服、套裙、套装、连衣裙较为合适，其中尤以西服套裙、套装为佳；男士应选择中、高档次的西装，并配以与其色调相协调的衬衣、领带。

② 禁忌：男生、女生都不能在面试时穿T恤、牛仔裤、运动鞋，一副随随便便的样子。女生一定不要在服饰上给人错误的信号，例如过于花枝招展、性感暴露的打扮会让人有歧义的想法，惹来许多不必要的麻烦。

## 四、熟悉面试着装要诀

① 剪裁合适、简单大方的套装。

② 颜色以中性为主，避免夸张、刺眼的颜色。

③ 避免无袖、露背、迷你裙等性感装束。

④ 不要穿露出脚趾的凉鞋。

⑤ 配饰简洁高雅，避免造型夸张、发出响声。

⑥ 保守淡雅的彩妆，不宜素面朝天。

⑦ 只带一个手提包或公文包。

⑧ 注重细节，如鞋子是否干净闪亮等，如图8-3所示。

⑨ 着装体现气质，保持微笑是自信的第一步。

图 8-3

模块八
求职礼仪

# 项目二 掌握求职应聘中的礼仪

## 一、面试概述

### 1. 掌握面试测评的主要内容

仪表风度，专业知识，工作实践经验，口头表达能力，综合分析能力，反应能力与应变能力，人际交往能力，团队精神，自我控制能力与情绪稳定性，工作态度，上进心、进取心，求职动机，业余兴趣爱好。

### 2. 了解面试第一印象的传递

传递第一印象的是：自信、握手、声调、开场白、肢体语言、眼神交流（见图8-4）、微笑。

图8-4

## 二、应聘面试的基本礼仪

### 1. 准时赴约

提前10分钟到达面试地点，以表示求职者的诚意，给对方以信任感，同时也可调整自己的心态，做一些简单的准备，以免仓促上阵，手忙脚乱。如果求职者有客观原因不能如约按时到场应事先打个电话通知面试官，以免对方久等。另一方已经迟到，不妨主动陈述原因，宜简洁表达。这是必需的礼仪。

### 2. 放松心情

许多求职者一到面试地点就会产生一种恐惧心理，害怕自己思维紊乱，词不达意，出现差错，以致痛失良机，往往会因为紧张而出现心跳加快，面红耳赤等情况。此时，

应控制自己的呼吸节奏，努力调节，尽量达到最佳状态后再面对面试官。

### 3. 以礼相待

求职者在等候面试时，不要旁若无人，随心所欲，对接待员熟视无睹，自己想干什么就干什么，给人留下不好的印象。对接待员要礼貌有加，也许接待员就是公司经理的秘书、办公室的主任或人力资源部门的主管人。可对接待人员作简单的自我介绍，然后直接前往面试房间等候，切忌到处东张西望。如果你目中无人，没有礼貌，在决定是否录用时，他们可能也有发言权，所以，你要给所有的人留下良好的印象，而并不只是对面试官。面试时，自觉将手机等关掉。

### 4. 敲门进入

求职者进入面试房间的时候，应先敲门，即使面试房间是虚掩的，也应先敲门，千万别冒失地推门就进，给人鲁莽、无礼的感觉。敲门时要注意门声的大小和敲门的速度。正确的是用右手的手指关节轻轻地敲三下，问一声"我可以进来吗"？待听到允许后再轻轻地推门进去。入室应整个身体一同进去，入室后不要用后手随手将门关上，要背对面试官将门轻轻关上，然后缓慢转身面对面试官，微笑点头示礼，要从容、自然。

### 5. 微笑示人

在"一对一"的情况下，求职者的目光要自然、真诚，既不要死盯对方的眼睛，也不要东张西望，左顾右盼，要取得对方的信任。在"一对多"的情况下，求职者的目光不能只注视其中的一位面试官，而要兼顾到在场的所有面试官，应面带微笑地环视一下，以眼神向所有人致意。在面试时要注意面带微笑，如图8-5所示。

图 8-5

模块八
求职礼仪

### 6. 莫先伸手

求职者进入面试房间,行握手之礼,应是面试官先伸手,然后求职者单手相应,右手热情相握,如图 8-6 所示。若求职者拒绝或忽视了面试官的握手,则是失礼。若非面试官主动先伸手,求职者切勿贸然伸手与面试官握手。

图 8-6

### 7. 请坐才入座

求职者不要自己坐下,要等面试官请你就座时再入座。面试官叫你入座,求职者应该表示感谢,并坐在面试官指定的椅子上。如果椅子不舒适或正好面对阳光,求职者不得不眯着眼,那么就最好提出来。

### 8. 坐姿端庄平直

面试时的坐姿可以选择正襟危坐式,在面试官面前不宜坐满椅面,以占 1/2～2/3 为宜,以示对面试官的尊敬。女生如果带有手袋,可以放在椅子后面,男生携带的大手袋可以靠放在座位右边。男生的双手平行搭放在双腿上,女生的双手手掌交叠轻放在腿上。如图 8-7 所示。

### 9. 流利的自我介绍

当面试官要求你作自我介绍时,不用像背书似的把简历上的内容再说一遍,那样只会令面试官觉得乏味。

图 8-7

要简洁、清晰,充满自信,态度要自然、亲切、随和,语速要不快不慢,目光正视对方,只将简历中的重点内容稍加说明即可,如姓名、毕业学校、专业、特长等。

### 10. 递物大方

求职者求职时必须带上个人简历、证件、介绍信或推荐信,面试时一定要保证不用翻找就能迅速取出所有资料。如果送上这些资料,应双手奉上,表现得大方和谦逊。

### 11. 恰当的身体语言

身体语言包括:保持微笑;目光接触,从眼睛捕捉信息,集中注意力;懂得握手礼仪;正确的站姿、坐姿、蹲姿、走姿;举止大方,避免小动作。

### 12. 谈吐从容清晰

讲话时要充满自信,语气要从容,吐词要清晰;对方给你介绍情况时,要认真聆听;为了表示你已听懂并感兴趣,可以在适当的时候点头或适当提问、答话;在面试过程中,主动的交谈传递出面试官需要的信息,展示出你的能力和风采,而聆听也是一种很重要的礼仪,不会听,也就无法回答好面试官的问题,好的交谈是建立在聆听基础上的。如图8-8所示。

图8-8

面试时提出自己的条件是不聪明的。有些人第一个问题就提到薪酬和假期,这样的做法常不会给人留下一个良好的印象。求职者在答复时应该精简、切题和毫不犹豫。

## 模块八 求职礼仪

### 13. 及时告辞

有些面试官以起身表示面谈的结束，对此面试者应该会意并及时起身告辞。

### 14. 善后工作

许多求职者只留意应聘面试时的礼仪，而忽略了应聘后的善后工作，而这些步骤亦能加深别人对你的印象。主要包括通过电话或者邮件向面试官表示感谢；不要过早打听面试结果；收拾心情，做好再次冲刺的思想准备。

# 三、面试仪态礼仪

### 1. 面试基本仪态

面试基本仪态如图8-9所示。

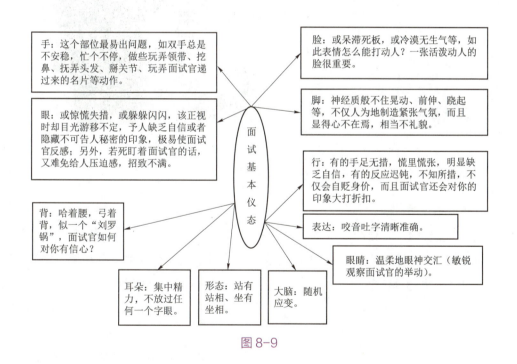

图8-9

### 2. 求职者站姿礼仪

站姿是仪态美的起点，又是发展不同动态美的基础。良好的站姿能衬托出求职者良好的气质和风度。

站姿的基本要求是挺直、舒展、站得直、立得正、线条优美、精神焕发。其具体要求是：头要正，头顶要平，双目平视，微收下颌，面带微笑，动作要平和自然；脖颈挺拔，双肩舒展，保持水平并稍微下沉；两臂自然下垂，手指自然弯曲；身躯直立，身体重心在两脚之间；挺胸、收腹、直腰，臀部肌肉收紧，重心有向上升的感觉；双腿直立，女生双膝和双脚要靠紧，男生两脚间可稍分开点儿距离，但不宜超过肩膀。如图8-10和图8-11所示。

图8-10

图8-11

### 3. 求职者走姿礼仪

走姿是站姿的延续动作，是在站姿的基础上展示人的动态美，无论日常生活还是社会场合，走路往往是最吸引人注意的体态语言，最能表现一个人的风度和魅力。

求职者走姿的具体要求是：行走时，头部要抬起，目光平视对方，双臂自然下垂，手掌心向内，并以身体为中心前后摆动。上身挺拔，腿部伸直，腰部放松，腿幅适度，脚步宜轻且富有弹性和节奏感。

女生应头部端正，目光柔和，平视前方，上体自然挺直，收腹挺腰，两脚靠拢而行，步履匀称自如、轻盈，显示女生庄重而文雅的温柔之美，如图8-12所示；男生应抬头挺胸，收腹直腰，上体平稳，双肩平齐，目光直视前方，步履稳健大方，显示出男性的刚强雄健的阳刚之美，如图8-13所示。

模块八
求职礼仪

图 8-12

图 8-13

### 4. 求职者坐姿礼仪

坐姿是仪态的重要内容。良好的坐姿能够传递出求职者自信练达、积极热情的信息，同时也能够展示出求职者高雅庄重、尊重他人的良好风范。

求职者坐姿的基本要求：不能是令人生厌的态度，如图 8-14 所示，而应是端庄、文雅、得体、大方，如图 8-15 所示。

图 8-14

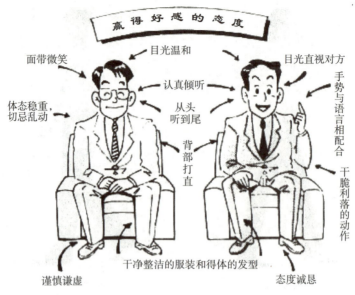

图 8-15

具体要求如下。

应聘时，在没有听到"请坐"之前，绝对不可以坐下。面试官还没有开口，就顺势坐在椅子上的人，已经扣掉了一半分数了。入座时要稳要轻，不可猛起猛坐使椅子发出声响，要坐满椅子的 1/2～2/3，后背勿靠椅背，双膝自然并拢或略分开，把手自然地放在上面；身体可稍向前倾，表示尊重和谦虚。

女生入座时，如果穿了裙装，应用手将裙子稍向前拢一下，入座前应用手背扶裙，坐下后将裙角收拢，两腿并拢，双脚同时向左或向右放，两手叠放于腿上。如长时间端坐可将两腿交叉叠放，但要注意上面的腿向回收，脚尖向下。

坐定后，身体重心垂直向下，腰部挺直，上体保持正直，两眼平视，目光柔和。男生双手掌心向下，自然放在膝盖上，两膝距离以一拳左右为宜；女生可将右手搭在左手上，轻放在脚面上。

坐时不要将双手夹在腿之间或放在臀下，不要将双臂端在胸前或放在脑后，也不要将双脚分开或将脚伸得过远。坐于桌前应该将手放在桌子上，或十指交叉后以肘支在桌面上。

入座后，尽量可能保持正确的坐姿，如果坐的时间长，可适当调整姿态以不影响坐姿的优美为宜。

#### 5. 仪态礼仪要注意的方面

在面试时，求职者的行为举止十分重要。一般而言，求职者在行为举止要注意6个方面。

① 应聘时不要结伴而行。无论应聘什么职位，独立性、自信心都是招聘单位对每位求职者的基本素质要求。

② 保持一定的距离。面试时，求职者和面试官必须保持一定的距离，不适当的距离会使面试官感到不舒服。当求职者进入面试房间后，不要随意将椅子挪来挪去。有的人喜欢表现亲密，总是把椅子向前挪。

③ 不卑不亢。求职面试的过程实际上是一种人际交往的过程，求职双方都应用平和的心态去交流。

④ 举止大方。举止大方是指求职者举手投足自然优雅，不拘束，从容不迫，显示良好的风度。

⑤ 忌不拘小节。有的求职者，自以为学历高或者有经验、有能力，不愁用人单位不用，在求职时傲慢不羁，不拘小节，表现出无所谓的样子，这是不可取的。正是这些不易被人注意的细节，使不少人失去了一些好的工作机会。

⑥ 勿犹豫不决。一般来说，求职者应聘时举棋不定的态度是不明智的，会让面试官感到你是个信心不足的人，难免怀疑你的工作作风和实际能力，这样容易让招聘的单位有更多的选择机会，而自己却丧失了一次机遇。

## 四、面试言谈礼仪

#### 1. 面试中回答问题的技巧

① 求职者应答问题的技巧：正确有效倾听，经常面带微笑，确认提问内容，表达要把握重点，逐一答题，实事求是，适度赞同对方，展现个人特色。

② 求职者语言运用的技巧：说话口齿清楚，适当控制语速，表达语气平和，运用语言幽默，关注听者反应。

③ 牢记三个法则：

a. 黄金法则："80/20"，你要承担起80%的谈话而面试官只会说20%；

b. 白金法则：你必须试着控制面试的节奏和话题；

c. 钻石法则：对于没有把握的问题，抛回给面试官。

### 2. 防止回答问题临阵怯场

或许你成绩名列年级前三名，或许你的综合评估已为你争取到了稀有名额，但如果对自己毫无信心的话，势必会影响自己在面试时的临场发挥。

面试前一天，与朋友彩排一下，准备好经常被提及的问题的答案，让朋友提提意见；面试前一小时，浏览一下自己的简历，特别是所获奖励等项；面试前半小时，深呼吸，提醒自己以前再大的坎儿也闯过来了，今后找工作会经历更多的面试；面试前五分钟，放松一下情绪，以便投入紧张的战斗。

### 3. 防止回答问题与众相同

"能介绍一下自己吗？"是面试时常问的问题，切记不要把自己的简历复述一遍，你甚至可以讲一个自己的故事，让对方了解你的性格、脾性。面试时，要注意自己的语音、语速。要想让面试官满意，你可以模仿他们的语速。

### 4. 防止回答问题心直口快

如果每次面试官刚说完问题，你就迫不及待地回答，会显得不够稳重；当然了，如果每个问题都要想了又想，又显得过分谨慎，畏首畏尾。正确的做法是：大多数问题一经提出，你可以立即回答，边回答边考虑如何收尾。

其他比较棘手或意想不到的问题，你可以采取下列对策：确认对方的问题，"您指的是……吗？"或者把对方提出的问题用陈述的语气自己讲一遍。如对方问"你有时会不会感到与他人合作很困难啊"？你可以这样回答："在学校的各种社会活动和小组课题中，我从没有听到别人说跟我合作很困难。如果有的话，我想那是因为有时我对自己感兴趣的活动太投入了。"

### 5. 认知客观的自我认识

想一举成功，首先必须认清自我，一定要弄清以下三个问题：你现在是干什么的？你将来要干什么？你过去是干什么的？

这三个问题不是按时间顺序从过去到现在再到将来，而是从现在到将来再到过去。其奥妙在于：如果你被雇用，雇主选中的是现在的你，他希望利用的是将来的你，而将来又基于你的历史和现状。

第一个问题，你现在是干什么的？回答这个问题，要点是：你是你自己，不是别的什么人。除非你把自己与别人区别开来，在共同点的基础上更强调不同点，否则你绝无可能在众多的求职者中夺魁。对于这第一个问题，自我反省越深，自我鉴定就越成功。

第二个问题：你将来要干什么？如果你申请的是一份举足轻重的工作，雇主肯定很关注你对未来的自我设计，你的回答要具体，合理，并符合你现在的身份，要有一个更别致的风格。

最后一个问题：你过去是干什么的？你的过去当然都在履历上已有反映。你在面试中再度回答这个问题时，不可忽略之处是：不要抖落一个与你的将来毫不相干的过去。如果你中途彻底改行，更要在描述你的执着、职业目标的一贯性上下些功夫。要做到这一点，又要忠实于事实和本人，最简单的方法是：找到过去与将来的联系点，收集过去的资料，再按目标主次排列。

用这样的方法，以现在为出发点，以将来为目标，以过去为实证，最重要的是加深了你的自我分析和理解，这三个问题的内在联系点一定会体现在自我表述的整体感觉中，使你的形象栩栩如生。

### 6. 投其所好

清楚自己的强项后，便可以开始准备自我介绍的内容，包括工作模式、优点、技能，突出成就、专业知识、学术背景等。

优点众多，但只有短短一分钟，所以一切还是与该公司有关的好。如果是一间电脑公司，应说些电脑的话题，如果是一间金融财务公司，便可跟他说钱的事，总之投其所好。

但有一点必须谨记：话题所到之处，必须突出自己对该公司可以做出的贡献，如增加营业额、减低成本、发掘新市场等。

### 7. 先后次序

内容的次序亦极为重要，是否能抓住听众的注意力，全在于事件的编排方式。所以排在头位的，应是你最想他记得的事情，而这些事情，一般都是你的得意之作。与此同时，可呈上一些有关的作品或纪录增加印象分。

# 项目三　掌握求职应聘后的礼仪

## 一、告别礼仪

### 1. 应聘后的告别时间

求职需要善始善终，讲求结束之术。要知道面试结束并不代表求职过程的完成，也不意味着可以回去等待结果的到来。许多求职者只留意应聘面试时的礼仪细节，却忽略了面试后的善后工作，而这些步骤亦能加深别人对你的印象。因此，要利用好结尾的机会，让面试官欣赏并能够记住你。

面试临近尾声之前，面试官在谈过主要问题之后，可能会提一两个比较尖锐或敏感的问题以便深入、彻底地了解求职者的情况。在此之后，话题的选择可能会非常随意，有一点聊天的味道，谈话十分轻松，这就已经标志着面试进入了收尾阶段。

在收尾阶段，面试官的神情会更为自由放松，目光中"审视"的意味会明显减少，谈话语气会显得更加柔和，往往会说："我的问题完了，我想听听你有没有什么问题，如果有，尽管提，我们来一起讨论。"这时可以针对单位和工作本身提一些问题，在此需要强调的是，提问一定要谨慎，注意礼节和分寸，不要提问太多，不要让面试官因回答你的提问而费力劳神。

### 2. 应聘后如何结束面试

在面试的收尾阶段，求职者最重要的任务之一就是创造时机、抓住时机、充满自信地重申自己的任职资格。你可以勇敢地说出这句话："老师，请问我最晚什么时候能得到回音？"或问："老师，您看我有希望吗？"面对你的勇敢，面试官也许会说："我们需要时间考虑。"你将得到的最坏答复就是："我们需要时间对所有的求职者进行综合评估。"有很多人就是因为在面试结束时勇敢地问了这个问题或者诸如此类的问题，最终得到了那份工作。也许是这样的勇敢打动了面试官，也许是这份执着热切让他们不好意思再拒绝。你能否胜任应聘职位的工作任务，是面试官最为关注的事情，你应该用自己

模块八 求职礼仪

的自信心来感染面试官的情绪，使他更加相信你是一个优秀的人选。

### 3. 应聘后如何离开房间

面试结束后，应该把刚才坐的椅子扶正，一面徐徐起立，站在椅子的旁边，一面以眼神正视对方，与面试官以握手的方式道别，趁机做最后的表白，以显示自己的满腔热忱。可以边点头边说"谢谢，请多关照"，或"谢谢您给我一个面试的机会，如果能有幸进入贵单位服务，我必定全力以赴"，然后拿好随身携带的物品，到刚进门时的位置，先打开门，在出去之前要转向屋内并有礼貌地鞠躬行礼，再次说"谢谢您，再见"之类的话。需要特别注意的是，告别话语要说得真诚，发自内心，才能让面试官"留有余地"，产生"回味"。然后转过身轻轻地退出面试房间，再轻轻将门关上。这样既保持了与相关单位主管的良好关系，又表现出自己优秀的人际交往能力，当用人单位最后考虑人选时，能给自己增加分数。

离开办公室后，在走廊里不要和别人讲述过程。不要马上打电话，甚至兴高采烈大声高叫，也不能无精打采地走出办公大楼。经过前台或在接待处归还来宾证时，要主动向工作人员点头致谢，如图8-16所示，边点头边说："多谢关照。"有些求职者对面试官彬彬有礼，走出门却对普通员工或其他工作人员傲慢无礼。不要忘记，进入招聘单位的瞬间，就要接受所有人的面试，每个人都是你的面试官。

图8-16

任务：以小组为单位自行设计一场面试场景，要求涉及仪表仪容仪态礼仪、交谈礼仪、引领礼仪、电梯礼仪、握手礼仪、名片礼仪、座次礼仪、传递物品礼仪。

## 模块九
## 自媒体的礼仪与审美

❖ 项目一　线上自媒体人的礼仪与审美
❖ 项目二　部分国家的商务礼俗习惯与审美习惯

# 项目一 线上自媒体人的礼仪与审美

## 一、网络礼仪与审美

网络礼仪是互联网使用者在网上对其他人应有的礼仪。在真实世界中，人与人之间的社交活动有不少约定俗成的礼仪，在互联网虚拟世界中，也同样有一套不成文的规定及礼仪，即网络礼仪，供互联网使用者遵守。忽视网络礼仪的后果，可能会对他人造成骚扰，或引发网上骂战等事件。

### 1. 网络礼仪概念阐述

网络礼仪（Network Etiquette）是英语中出现的一个新词，由"网络"（Network）和"礼仪"（Etiquette）组合而成，指网络中人们交往的方式。正如在现实生活中，人们"入乡随俗"一样，只要进入网络，就应该按网络的"方式"行事，与人友好相处，这是起码的道德要求。因此，网络礼仪既是保证网上人们正常交往和相互理解的重要手段，也是判别网民是否文明礼貌的行为标准。

### 2. 网络礼仪主要内容

网络礼仪包括招呼礼仪（网上如何问候与称呼）、交流礼仪（网上如何礼尚往来）、表达礼仪（网上如何表达态度、情感与幽默）。这些礼仪在网上约定俗成,而且不断发展。目前，网上 E-mail 礼仪、电子公告板礼仪基本形成。例如关于 E-mail，尼葛洛庞帝在《数字化生存》中说："简洁是 E-mail 的灵魂。""要在 Internet 上表现出使用 E-mail 的礼貌，最好的办法就是假定收信人的通信速率只有 1 200 bit/s，而且也只有几分钟的时间来读信。反面教材就是在回信的时候，一字不漏地将原信附上（令人担忧的是许多我认识的网络老手都有这个习惯）。要让电子邮件含义清楚的办法不少，这可能是其中最懒惰的一个办法。当信件很长或信道很窄时,更是要命。"盖茨在《未来之路》中说："现在，E-mail 成为交换信息的最主要的工具。印刷习惯也在演变，如果你想要一句话让人看了发笑，想要它表达的意思很幽默，你可以加上一个冒号、一个连字号和一个括号，就成

模块九 自媒体的礼仪与审美

了: '—)', 这个合成符号如果侧过来看就成了一张笑脸。例如, 你写道: 那是否是一个高妙的想法, 我没有把握。:—)——这张笑脸表明你的这句话是善意的, 用一个反括号, 笑脸就变成一张哭丧的脸: 是一种失望的表情。这些'情绪符号'可以说是感叹号的远亲。但是, 当 E-mail 过渡到具有视听功能的传播媒介时, 这种情绪符号恐怕难以幸存。"

### 3. 十个网络礼仪

#### 礼仪一: 记住别人的存在

互联网给予来自五湖四海的人们在一个共同的地方聚集, 这是高科技的优点, 但往往也使得我们面对着电脑屏幕忘了我们是在跟其他人打交道, 我们的行为也因此容易变得更粗劣和无礼。因此网络礼仪第一条就是"记住别人的存在"。如果你当面不会说的话在网上也不要说。

#### 礼仪二: 网上网下行为一致

在现实生活中大多数人都要遵纪守法, 同样在网上也要如此。网上的道德和法律与现实生活是相同的, 不要以为在网上就可以降低道德标准。

#### 礼仪三: 入乡随俗

同样是网站, 不同的论坛有不同的规则, 在一个论坛可以做的事情在另一个论坛可能不让做。比方说在聊天室"打哈哈"和在一个新闻论坛"打哈哈"是不同的。最好的建议: 先爬一会儿"墙头"再发言, 这样你可以知道论坛的气氛和可以接受的行为。

#### 礼仪四: 尊重别人的时间和带宽

在提问题以前, 自己先花些时间去搜索和研究。很有可能同样问题以前已经问过多次, 现成的答案随手可及。不要以自我为中心, 别人为你寻找答案需要消耗时间和资源。

#### 礼仪五: 给自己在网上留个好印象

因为网络的匿名性质, 你的一言一语成为别人对你印象的唯一判断。如果你对某个方面不是很熟悉, 找几本书看看再开口, 无的放矢只能落个灌水王帽子。同样地, 发帖以前仔细检查语法和用词, 不要故意挑衅和使用脏话。

#### 礼仪六: 分享你的知识

除了你回答别人的问题, 还包括当你提了一个有意思的问题而得到很多回答, 特别是通过电子邮件得到回复后, 你应该写份总结与大家分享。

#### 礼仪七: 平心静气地争论

争论或争战是正常的现象, 要以理服人, 不要人身攻击。

**礼仪八：尊重他人的隐私**

别人与你用电子邮件或私聊（QQ/微信）的记录应该是隐私的一部分。如果你认识某人用笔名上网，在论坛未经同意将他的真名公开也不是一个好的行为。如果不小心看到别人电脑上的电子邮件或秘密，你不应该随意传播。

**礼仪九：不要滥用权力**

管理员或版主比其他用户有更多权力，他们应该珍惜使用这些权力。游戏室内的高手应该对新手"枪下留情"。

**礼仪十：宽容**

我们都曾经是新手，都会有犯错误的时候。当看到别人写错字、用错词、问一个低级问题或者写篇没必要的长篇大论时，你不要在意。如果你真的想给他建议，最好用电子邮件私下提议。

## 二、自媒体人的礼仪与审美

### 1. 自媒体人的仪容仪表仪态与审美

当今社会，网络平台的主播层出不穷，其中不少是自媒体人主播、商务活动主播或营销主播。那么在直播时主播的礼仪应该要注意哪些方面呢？是单纯的容貌美就可以了吗？主播如何才能得到大多数人审美的认可，从而吸引粉丝？要想成为一个成功的自媒体主播，成功建立正能量的直播间，在礼仪和形象上的维护需要做到以下几点。

① 主播应衣着整洁，大方庄重，精神饱满，切忌不修边幅，邋里邋遢。

② 直播间里行走应步伐稳健有力，行走的速度因直播的节奏而定。一般来说，商品销售"带货""网购"性质的直播，应有较为快速清晰的步伐。

③ 主播站立时，应腰背挺直。任何涉及隐私的细节动作都要注意规避摄像头，严防走光，杜绝任何不雅行为。

④ 主播言谈应口齿清楚，思维敏捷，简明扼要，避免污言秽语。

⑤ 主播应根据直播当天的主题调节直播气氛，或庄重，或幽默，或沉稳，或活泼。

### 2. 自媒体直播间的布置审美

关于自媒体人直播的拍摄场景或者直播间布景，是一个连资深媒体人都会犯的错，甚至很多主播不在意，认为只要把自己打扮好看了就可以上镜了，这是一个很大的误区。颜值效果不仅仅是指相貌长得好看，还包括拍摄场景或直播间的整体效果。这里面包括

## 模块九
### 自媒体的礼仪与审美

相貌、着装、直播间布景、灯光等方面,这些统称为颜值效果,其中最被大家忽略的部分,就是布景,尤其是直播间布景。直播间的环境体现给观众一种直观的感受,整洁、温馨、有文化内涵的环境,能给主播带来自信,也为主播的颜值效果加分。反之,则容易"掉粉",留不住观众。

主播的直播风格决定房间布置的风格,不同的布景适合不同类型的主播。换言之,你要把自己打造成什么风格的主播,不仅要在服装上、内容上做文章,还要在布景上下功夫。

下面有几组反面的案例供大家参考。

若用图 9-1、图 9-2 的布景布置直播间,会造成一个共同的缺点:画面清晰度降低。这也是很多媒体人、主播对直播间不清晰有一个误区,总以为是灯光或者手机问题,实则背景才是罪魁祸首。

图 9-1

图 9-2

图 9-1 和图 9-2 中两个背景墙(窗帘)的颜色是不可取的,容易影响画面的清晰度。除此之外,观众长时间观看后,会造成视觉上的疲劳。同时,背景的色系也不宜过多,多色系虽然艳丽,但是容易分散观众的注意力。

很多主播都习惯把窗帘作为背景墙，所以在窗帘颜色及纹路上要注意，尽量使用浅色、纯色系的颜色，窗帘上的纹路尽量简单，尽量避免使用短、长条形（斑马）以及格子形的窗帘，看久了容易产生压迫感，如图9-3和图9-4所示。

图9-3

图9-4

如果在客厅或卧室直播，背景墙最好干净利索，墙的颜色白色、纯色、浅色最佳。身后尽量少堆放杂物，越干净越好。

如果空间较大的话，可以稍作装饰，在身体的左后方或右后方利用道具布置。例如室内植物盆景、壁画、鱼缸、书架、布偶挂件等。

背景色最忌讳大面积的深色，多色，尤其是深蓝色和黑色，容易产生压抑感。

另外，对于使用多维立体背景墙布，作者不是很推崇，这个在2016年之前还是很流行的，只是现在感觉比较"Low"了（个人观点）。当然，如果你直播间的条件不具备，需要花费大量精力和金钱去改善，在直播初期倒是也可以选择适合自己的墙布，经济实惠。

以下是作者建议的几种类型直播间的布置建议。

### 模块九 自媒体的礼仪与审美

① 温馨可爱型主播：推荐浅色、粉色窗帘背景，身后布置布偶等道具。

② 气质成熟型主播：推荐纯色、白亮色（不可曝光）为主的背景，布置讲究的家居用品等。

③ 知识可爱型主播：布置书架、钢琴、盆景等背景。

总之，直播间布置要综合考虑自己的直播风格、直播内容、房间空间大小等综合因素。搭配原则以简单大方、温馨或明亮为主即可。

以下推荐几种直播间布景的样式，供大家参考，如图9-5～图9-8所示。

图9-5

图9-6

图9-7

图9-8

总结一下，自媒体拍摄场景，或者直播间的布置配合打造氛围方式上可以利用的实物，或者选取过的大屏幕图片。除此之外，场景布置尤其是主播间的布置还需要注意以下几个方面。

（1）风格

主播主要的风格以可爱活泼、清新简约风为主。如某网红的直播间，整体呈现出简约素雅的风格，与主播本人的性格匹配度很高，这样的合适度极易让人有代入感，沉浸在她的歌声中，沉浸在直播氛围中，如图9-9和图9-10所示。所以主播在布置直播环境时一定要选择和自己契合的风格。

图9-9

图9-10

图9-11

（2）背景

当所处环境受限，只能展示出局部，该如何处理？其实非常简单，一个背景窗帘就搞定，配上闪烁的LED星星灯，又能丰富背景内容，又能用作补充光源，一举两得，也给人呈现出一种干净清爽的感觉，将注意力只放在主播身上。如图9-11～图9-13所示。

模块九
自媒体的礼仪与审美

图 9-12

图 9-13

（3）配饰

毛绒玩偶、绿色植物、特色摆件都会增加房间的活力，同时也会让观众对你多些了解，找到更多话题，但切勿放置过多让人眼花缭乱。如图 9-14 和图 9-15 所示。

图 9-14

图 9-15

（4）细节

直播是场表演秀，当然要处处追求细节，不仅在直播时所说出的言语要多加注意，同样直播间所展露的每个角落都需要注意。细节往往能看出一个人的状态，以及对别人的尊重。例如，如果掉落在地上的水壶、杂物桶都出现在直播画面中，就会影响直播整体观看效果。

（5）灯光

灯光绝对是直播间布置中最重要的一步，所以特意放在最后说。合理的灯光是主播们的第一道美颜，灯光的角度将决定主播在镜头前的五官轮廓，灯光的色温将影响主播给观众带来的第一感觉。

灯光的位置非常重要，下面我们来分别介绍灯光摆不同位置的优缺点。

① 顶光：一般房间天花板上的光源叫顶光，安装时最好不要离主播坐的位置超过2米。

优点：照射光线充足，能带出鲜艳色彩。

缺点：照射人脸时会有明显的阴影，需要有补光灯。

② 顺光：在主播正面对光源，就是顺光。

优点：能够让主播清晰易见。

缺点：由于是正面光源，主播脸上会没有阴影画面，看上去十分平板，欠缺层次立体感。

③ 侧光：光源从主播侧面而来的光称为侧光，它能够展现画面的层次感以及质感，勾画出明显的轮廓。

当主播调整完灯光的摆置，千万要记得色温的控制，还是尽量以暖色光为主，可以表现出温柔甜美的形象。

如图 9-16 和图 9-17 所示。

图 9-16 暗光

图 9-17 亮光

模块九
自媒体的礼仪与审美

# 项目二　部分国家的商务礼俗习惯与审美习惯

## 一、部分国家的商务礼俗习惯

### 1. 部分国家商务交往中眼神运用的差异

商务交往中，不同国家、不同民族、不同文化习俗对眼神的运用也有差异。如：在美国，一般情况下，男士是不能盯着女士看的；两个男士之间也不能对视的时间过长，除非是得到对方的默许。日本人在对话时，四目相视是失礼的，目光要落在对方的颈部。阿拉伯民族认为，不论与谁说话，都应看着对方。大部分国家的人们忌讳直视对方的眼睛，甚至认为这种目光带有挑衅和侮辱的性质。

### 2. 部分国家商务交往中握手形式的差异

商务交往中，由于民族文化和风俗习惯的不同，在许多国家和地区握手的形式也有所不同。如：美国人第一次见面时一般笑一笑，说声"嗨"或"哈喽"，并不正正经经地握手。和意大利人交往不要主动握手，只有对方主动伸手时，才可以自然地伸手相握。日本男士往往一边握手一边鞠躬，而日本女士则一般不跟别人握手，只是行鞠躬礼。菲律宾有些地方，人们握过手会转身向后退几步，向对方表明身后没有藏刀，是真诚的握手。坦桑尼亚人则在见面时先拍拍自己的肚子，然后鼓掌，再相互握手。在中非，见面时不是和对方握手，而是用自己左手握住右手挥动几下以代替握手。

### 3. 部分国家商务交往中日常行为的差异

商务交往中，由于传统文化的不同，所以在日常行为中有很多的不同。当朋友搬新家时，韩国人会送他们的朋友肥皂当作乔迁之礼，目的是希望他们的朋友成功致富的速度就像肥皂泡泡那么快速、简单！跟英国人坐着谈话，两膝不可张开得太宽，忌跷二郎腿。与东南亚国家的人相处时也一样，若跷起二郎腿，并无意间将一只脚颠来颠去，以至鞋底朝向对方，那就非常失礼。与英国人交往，即使相处关系很好，也不能用手拍对方的肩背来表示亲切；但是与德国人、俄罗斯人交往时，为表示亲切与友好，两个男性

143

互相拥抱并拍背则是热情的表示。日本人交往喜欢交换名片,并会妥善保存,以表尊重他人;吃面时会发出声音,表示食物美味;日本人一起进餐,尤其需要讲究筷子使用的礼节;忌讳用同一双筷子让大家依次来拨食物,也不能把筷子垂直插在米饭当中,因为一碗垂直插着筷子的米饭,在日本是用来在家中祭奠先人的。

### 4. 部分国家的商务交往禁忌

(1)部分国家商务交往数字的禁忌

美国人普遍认为"13"这个数字是不吉利的,在日常生活中,他们总是尽量避开这一数字。常以"14"或"12"来代替。美国人最忌讳的还是13人同桌共餐。一般人会在13日这一天停止一切工作和活动。另外,他们还认为星期五是不吉之日,如果正巧13日与星期五遇到同一天,就会被称为"黑色星期五",因为这一日是耶稣的受难日。所以同西方人打交道,千万要注意这一点。点烟时,忌用一根火柴或打火机连续点燃3支烟,否则对方会认为你是在咒他死。在美国还有"零年灾难"之说。自1840年以来,凡是在年尾数为"0"那一年当选的美国总统,除里根外,都没有活着离开白宫,其中有4人被刺身亡,3人病死。日本人则忌讳"4"和"9",因为日语中"4"与"死"同音,故医院无4号病房、床位;而"9"同"苦"发音相似。我国港澳台地区有不少人也忌讳"4"字,若非说不可,用"两双"或"两对"代替。韩国也比较忌讳"4"。

(2)部分国家商务交往颜色和花卉的禁忌

由于历史文化、传统习惯、政治宗教等各种原因,人们对某些颜色与花卉产生了推崇或禁忌,且各国与各地间的差异很大。日本人认为绿色是不吉之色;欧美等国人认为黑色是丧礼之色;巴西人认为棕黄色为凶色。在世界许多国家人的眼里,蓝色是恶魔,为恐惧之兆。土耳其人忌用花色,法国、比利时人忌用墨绿色,因为它被纳粹军队占用过。意大利人视紫色为消极色。比利时人最忌讳蓝色,但挪威、瑞士、荷兰对它又特别偏好。

再来看一些花卉。不同的花卉在不同的国家也有不同的意义,在商务交往中需要对它加以了解。菊花在意大利、拉美等国被视为"妖花",黑色和菊花在西方许多国家是丧礼的象征,但菊花在日本是皇族的标志。荷花在日本被认为祭奠之花。在法国,黄色的花是不忠诚的表示。在国际交往场合,忌用菊花、杜鹃花、石竹花、黄色的花献给客人。一些用于表示爱情、用于探望病人、表示绝交的花,均不能用于商务活动,否则会造成不愉快。

（3）部分国家商务交往礼品图案的禁忌

在同外国人进行礼品交换时，要注意以下图案的含义，更要避免作商标用。如：给英国人的商品，千万不要用孔雀图案，因为英国人认为开屏之孔雀有自我吹嘘之意。给美国人的商品，千万不要用蝙蝠图案，在美国人眼中，此物为凶神恶煞。日本人忌戴饰有狐狸、獾图案的物品，认为这是贪婪之兆。北非一些国家，忌用狗作商标。

# 参 考 文 献

[1] 金正昆. 社交礼仪教程[M]. 北京：中国人民大学出版社，2010.
[2] 徐汉文，张云河. 商务礼仪[M]. 北京：高等教育出版社，2015.
[3] 黄建武，万婷，张荻. 现代商务礼仪[M]. 北京：北京邮电大学出版社，2013.
[4] 金正昆. 商务礼仪教程[M]. 5版. 北京：中国人民大学出版社，2016.
[5] 甘露，郭晓丽，杨国荣. 商务礼仪[M]. 北京：北京理工大学出版社，2010.